中国古代娱乐

王辉 编著

中国商业出版社

图书在版编目（CIP）数据

中国古代娱乐／王辉编著． -- 北京：中国商业出版社，2015.5

ISBN 978－7－5044－8597－7

Ⅰ．①中… Ⅱ．①王… Ⅲ．①休闲娱乐－介绍－中国－古代 Ⅳ．①C913.3－092

中国版本图书馆 CIP 数据核字（2015）第 117285 号

责任编辑：张一之

中国商业出版社出版发行
010－63180647　www.c-cbook.com
（100053 北京广安门内报国寺 1 号）
新华书店总店北京发行所经销
北京飞达印刷有限责任公司
＊
710×1000 毫米　16 开　12.5 印张　200 千字
2015 年 8 月第 1 版　2015 年 8 月第 1 次印刷
定价：25.00 元
＊　＊　＊　＊
（如有印装质量问题可更换）

《中国传统民俗文化》编委

主　编　傅璇琮　著名学者，原国务院古籍整理出版规划小组秘书长，清华大学古典文献研究中心主任教授，原中华书局总编辑

顾　问　蔡尚思　著名历史学家，中国思想史研究专家
　　　　　卢燕新　南开大学文学院副教授
　　　　　王永波　四川省社会科学院文学研究所副研究员
　　　　　叶　舟　中国思维科学研究院院长，清华大学、北京大学特聘教授
　　　　　于春芳　北京第二外国语学院教授
　　　　　杨玲玲　西班牙文化大学文化与教育学博士

编　委　陈鑫海　首都师范大学中文系博士
　　　　　李　敏　北京语言大学古汉语古代文学博士
　　　　　赵　芳　出版社高级编辑，曾编辑出版过多部文化类图书
　　　　　韩　霞　山东教育基金会理事，作家
　　　　　陈　娇　山东大学哲学系讲师
　　　　　吴军辉　河北大学历史系讲师
　　　　　石雨祺　出版社高级编辑，曾编辑出版过多部历史类图书
　　　　　王　欣　全国特级教师

策划及副主编　王　俊

序 言

  中国是举世闻名的文明古国，在漫长的历史发展过程中，勤劳智慧的中国人，创造了丰富多彩、绚丽多姿的文化，可以说人创造了文化，文化创造了人，这些经过锤炼和沉淀的古代传统文化，凝聚着华夏各族人民的性格、精神、智慧，是中华民族相互认同的标志和纽带。在人类文化的百花园中摇曳生姿，展现着自己独特的风采，对人类文化的多样性发展做出了巨大贡献。中国传统民俗文化内容广博，风格独特，深深地吸引着世界人民的眼光。

  正因如此，我们必须深入学习贯彻十八届三中全会精神，按照中央的规定，加强文化建设。2006年5月，时任浙江省委书记的习近平同志就已提出："文化通过传承为社会进步发挥基础作用，文化会促进或制约经济乃至整个社会的发展。"又说："文化的力量最终可以转化为物质的力量，文化的软实力最终可以转化为经济的硬实力"（《浙江文化研究工程成果文库总序》）。今年他去山东考察时，又再次强调：中华民族伟大复兴，需要以中华文化发展繁荣为条件。

  学习习近平同志的重要讲话，确可体会到，在政治、经济、军事、社会和自然要素之中，文化是协调各个要素协同发展、相关耦合的关健。正因为此，我们应该对华夏民族文化进行广阔、全面的检视。我们应该唤醒我们民族的集体记忆，复兴我们民族的伟大精神，发展和繁荣中华民族的优秀文化，为我们民族在强国之路上阔步前行创设先决条件。

实现民族文化的复兴,更必须传承中华文化的优秀传统。现代中国人,特别是年轻人,对传统文化十分感兴趣,蕴含感情。但当下也有人对具体典籍、历史事实不甚了解,比如说,中国是书法大国,谈起书法,有些人或许只知道些书法大家如王羲之、柳公权等等的名字,知道《兰亭集序》是千古书法珍品,仅此而已。再比如说,我们都知道中国是闻名于世的瓷器大国,中国的瓷器令西方人叹为观止,中国也因此而获得了"瓷器之国"(英语 china 的另一义即为瓷器)的美誉。然而关于瓷器的由来、形制的演变、纹饰的演化、烧制等等瓷器文化的内涵,就知之甚少了。中国还是武术大国,然而国人的武术知识,或许更多地来源于一部部精彩的武侠影视作品,对于真正的武术文化,我们也难以窥其堂奥了。我们还是崇尚玉文化的国度,我们的祖先,发现了这种"温润而有光泽的美石",并赋予了这种冰冷的自然物以鲜活的生命力和文化性格,例如"君子当温润如玉"、女子应"冰清玉洁"、"守身如玉";"玉有五德",即"仁"、"义"、"智"、"勇"、"洁",等等。今天,熟悉这些玉文化的内涵的国人,也为数不多了。

也许正有鉴于此,有忧于此,近年来,已有不少有志之士,开始了复兴中国传统文化的努力,读经热开始风靡海峡两岸,不少孩童乃至成人,开始重拾经典,在故纸旧书中品味古人的智慧,发现古文化历久弥新的魅力。电视讲坛里一波又一波对古文化的讲述,也吸引着数以万计的人们,重新审视古文化的价值。现在放在读者眼前的这套"中国传统民俗文化丛书",也是这一努力的又一体现。我们现在确应注重研究成果的学术价值和应用价值,充分发挥其认识世界、传承文化、创新理论、咨政育人的重要作用。

中国的传统文化内容博大,体系庞杂,该如何下手,如何呈现?这套丛书处理得可谓系统性强,别具心思。编者分别按物质文化、制度文化、精神文化等方面来分门别类地进行组织编写,例如在物质文化的层面,就有中国古代纺织、中国古代酒具、中国古代农具、中国古代青铜器、中国古代钱币、中国古代石刻、中国古代木雕、中国古代建筑、中国古代砖瓦、中国古代玉器、中国古代陶器、中国古代漆器、中国古代桥梁等等。

在精神文化的层面，就有中国古代书法、中国古代绘画、中国古代音乐、中国古代艺术、中国古代篆刻、中国古代家训、中国古代戏曲、中国古代版画等等；在制度文化的层面，就有中国古代科举、中国古代官制、中国古代教育、中国古代军队、中国古代法律等等。

此外，在历史的发展长河中，中国各行各业还涌现出一大批杰出的人物，至今闪耀着夺目的光辉，启迪后人，示范来者，对此，这套丛书也给予了应有的重视，中国古代名将、中国古代名相、中国古代名帝、中国古代文人、中国古代高僧等等，就是这方面的体现。

生活在21世纪的我们，或许对古人的生活颇感好奇，他们的吃穿住用如何？他们如何过节？如何安排婚丧嫁娶？如何交通？孩子如何玩耍？等等。这些饶有兴趣的内容，这套中国传统民俗文化丛书，都有所涉猎，例如中国古代婚姻、中国古代丧葬、中国古代节日、中国古代风俗、中国古代礼仪、中国古代饮食、中国古代交通、中国古代家具、中国古代玩具、中国古代鞋帽等等，这些书籍介绍的，都是人们深感兴趣，平时却无从知晓的内容。

在经济生活的层面，这套丛书安排了中国古代农业、中国古代纺织、中国古代经济、中国古代贸易、中国古代水利、中国古代车马、中国古代赋税等等内容，足以勾勒出古人经济生活的主要内容，让今人得以窥见自己祖先曾经的经济生活情状。

在物质遗存方面，这套丛书则选择了中国古镇、中国古楼、中国古寺、中国古陵墓、中国古塔、中国古战场、中国古村落、中国古街、中国古代宫殿、中国古代城墙、中国古关等内容。相信读罢这些书，喜欢中国古代物质遗存的读者，已经能大致掌握这一领域的大多数知识了。

除了上述内容外，其实还有很多难以归类却饶有兴趣的内容，例如中国古代的乞丐这样的社会史内容，也许有助于我们深入了解这些古代社会底层民众的真实生活情状，走出武侠小说家们加诸他们身上的虚幻不实的丐帮色彩，还原他们的本来面目，加深我们对历史真实的了解。继承和发扬中华民族几千年创造的的优秀文化和民族精神是我们责无旁贷的历史责任。

不难看出,单就内容所涵盖的范围广度来说,有物质遗产,有非物质遗产,还有国粹。这套丛书无疑当得起"中国传统文化的百科全书"的美誉了。这套书还邀约了大批相关的专家、教授参与并指导了稿件的编写工作。应当指出的是,这套书在写作中,既钩稽、爬梳大量古代文化文献典籍,又参照近人与今人的研究成果,将宏观把握与微观考察相结合。在论述、阐释中,既注意重点突出,又着重于论证层次清晰,从多角度、多层面对文化现象与发展加以考察。这套丛书的出版,有助于我们走进古人的世界,了解他们的美好生活,去回望我们来时的路。学史使人明智。历史的回眸,有助于我们汲取古人的智慧,借历史的明灯,照亮未来的路,为我们中华民族的伟大崛起添砖加瓦。

是为序。

傅璇琮

2014 年 2 月 8 日

前 言

休闲娱乐是人类精神和文化生活的重要组成部分。作为拥有悠久历史的文明古国，中国拥有丰富多彩的休闲娱乐活动，而先民对于休闲娱乐活动亦有独特的理解与进行方式。中国古代的娱乐活动虽然说远远不如近现代丰富，但在社会生产力并不发达的古代社会，已经称得上是花样百出了。

早在远古时代，我们的祖先就在劳动中创造出一些娱乐和游戏。历朝历代，一些知识分子或权贵上层人士，在自己的学习中发展兴趣爱好并创造出一些娱乐项目，这也是古人所谓"琴棋书画诗酒茶"的精神享受，借助对这些东西的研习来充实单调的生活；而另一类则是纯娱乐性的大众口味，勾栏、瓦舍就是古代人的"俱乐部"，其中包括有多种娱乐节目，尤其是在市民生活富裕的宋代，由于宋太祖的喜爱，连赌博也成为文人雅士的一项技艺，女词人李清照就是博戏大家。宋代人日常可以欣赏到的节目包括了棋、地鼓、小唱、百舌、撮弄、唱赚、覆射、杂剧、诸宫调、影戏等等，可谓是百花齐放。

有学者认为，游戏是在要把力量的实际使用所引起的快乐再度体验一番的冲动的情况下而产生的。美国的鲁道夫·阿恩海姆在他的《艺术与视知觉》中也说："游戏，就是对一种生活情景中那些愉快的方面的借用。这里所说的游戏是广义的游戏，这里就是从原始娱乐活动的表现出发的。至此，我们可以进一步认为，原始娱乐是我们的先民把生活中的快乐与冲动再体验一番的形象展现。原始娱乐本身是一种能够激起先民们冲动的愉悦心情，同时它还是由这愉悦的冲动心情而发生的一系列活动形式，这一系列活动形式就是最早的游艺活动。

　　本书从先古说起，把各朝代的主要游戏与娱乐作了一个简单回顾，内容生动有趣，通过丰富的资料、生动的图片，对古代比较流行的娱乐项目进行了细致翔实的阐释，包括各种游戏活动的来龙去脉、在历史上的流行程度、具体的玩法等等，为读者展示出一幅幅古代社会生活的优美画卷，让读者对很多现代娱乐活动有一个更为深入的认识。

目录

第一章 走近古代游艺娱乐

第一节 古代娱乐的诞生 2

从原始图腾歌舞说起 2

从原始娱乐到嬉戏游艺 3

巫术活动中的娱乐因素 5

十万年前的石球游戏 6

古老的先秦游戏 8

第二节 古代娱乐故事趣话 10

孔子与音乐 10

伯牙学琴的故事 13

鲁班、墨子造木鸢 14

曹植的《斗鸡赋》 17

音乐家李延年的故事 19

李清照与《打马图经》 21

中国古代的"高尔夫球" 23

龙舟竞渡溯源 25

热闹的游戏节 32

第二章　源远流长的百戏杂艺

第一节　技巧游艺 36

跳丸 36

跟斗 37

竿技表演 39

技艺高超的绳技 40

狮子舞与假面游戏 42

宫廷幻术娱乐 43

沐猴而冠的猴戏 50

宝应象戏 51

第二节　斗赛游艺 53

斗牛 53

斗虎 57

斗狗 59

斗鸡 60

斗鹌鹑 63

斗蟋蟀 66

第三章　引人入胜的技艺竞技

第一节　投射技艺 70

击壤 70

打布鲁 72

弹弓 ……………………………………………… 72
　　　射侯 ……………………………………………… 74
　　　吹箭 ……………………………………………… 76
　　第二节　球类与角力型游戏 ……………………… 78
　　　马球、蹴鞠等游戏 ……………………………… 78
　　　角抵与相扑 ……………………………………… 84
　　　摔跤游戏 ………………………………………… 86

第四章　闲适益智的棋牌游戏

　　第一节　博戏 ……………………………………… 92
　　　六博 ……………………………………………… 92
　　　双陆 ……………………………………………… 93
　　　樗蒲 ……………………………………………… 95
　　第二节　棋类游戏 ………………………………… 97
　　　围棋 ……………………………………………… 97
　　　象棋 ……………………………………………… 100
　　　弹棋 ……………………………………………… 102
　　第三节　牌类游戏 ………………………………… 104
　　　叶子戏 …………………………………………… 104
　　　马吊 ……………………………………………… 106
　　　麻将 ……………………………………………… 108

第五章　雅俗共赏的投射猜谜类游戏

　　第一节　投壶与藏钩 ……………………………… 112
　　　投壶 ……………………………………………… 112
　　　藏钩 ……………………………………………… 117
　　第二节　猜谜游戏 ………………………………… 120
　　　谜语 ……………………………………………… 120

　　　酒令 …………………………………………………… 123
　　　七巧板与九连环 ………………………………………… 126
　　第三节　冰嬉与垂钓赏花 ………………………………… 128
　　　冰嬉 …………………………………………………… 128
　　　垂钓 …………………………………………………… 131
　　　赏花 …………………………………………………… 134

第六章　奇趣无限的童乐民俗娱乐

　　第一节　童趣游戏 ………………………………………… 138
　　　踢毽子 ………………………………………………… 138
　　　抓子儿 ………………………………………………… 142
　　　陀螺 …………………………………………………… 148
　　　竹蜻蜓 ………………………………………………… 152
　　　抖空竹 ………………………………………………… 154
　　　捉迷藏 ………………………………………………… 156
　　第二节　民俗节令游艺 …………………………………… 157
　　　拔河 …………………………………………………… 157
　　　放风筝 ………………………………………………… 160
　　　放鞭炮 ………………………………………………… 163
　　　闹花灯 ………………………………………………… 165
　　　放烟火 ………………………………………………… 171
　　　重阳登高 ……………………………………………… 172
　　第三节　其他游戏 ………………………………………… 177
　　　秋千 …………………………………………………… 177
　　　高跷 …………………………………………………… 180
　　　跑旱船 ………………………………………………… 182

参考书目 ……………………………………………………… 184

走近古代游艺娱乐

　　游艺娱乐是人类社会活动的内容之一，与其他文化活动一样，起源于原始人的生产劳动和其他社会实践，并伴随着社会的进化不断地发展完善。随着原始公社制的发展，原始游艺娱乐形态的内容和表现形式逐渐丰富和多样化起来，逐渐地从生产活动、部落战争、宗教及乐舞等社会实践活动萌发而来。人类最初自身进化的生理性和群体活动的社会性，为原始娱乐活动的产生创造了条件。

第一节
古代娱乐的诞生

从原始图腾歌舞说起

原始的图腾歌舞，可以说是人类游艺活动原始的"培养液"。当我们循着史前人类的遗迹溯源而去，就能在面目依稀的原始洞穴、斑驳陆离的巨石岩壁、群居墓室的残陶废墟、神话传说的片言只语以及一直留存于近现代的"社会活化石"中的乐舞遗俗中，看到那曾经成为原始宗教礼仪的图腾祭祀舞姿，而这些产生于史前时代、并渗透于原始人类生活中的各种乐舞祭仪形式，又构成史前人类游艺形式的原始娱乐形态。

我国传说中的原始社会，普遍存在过图腾信仰。《山海经》中记述的有图腾痕迹的部族就有 58 个之多。图腾舞蹈屡见不鲜。《尚书·尧典》说："予击石拊石，以歌九韶，百兽率舞。"《拾遗记·神农氏》说："奏九天之和乐，百兽率舞。"《列子·汤问》说："瓠巴鼓琴而鸟舞鱼跃。"这些所谓鸟兽的歌舞，实际上是化装的拟兽舞蹈，是图腾舞蹈的独特形式。

在这种以百兽率舞为特色的图腾舞蹈中，最为古人喜爱的是凤舞和龙舞。《竹书纪年·帝喾》说："代高阳氏王天下，使鼓人拊鞞鼓，击钟磬，凤凰鼓翼而舞。"《尚书·益稷》说："笙镛以间，鸟兽跄跄，箫韶九成，凤凰来仪。"《风俗通·声音》说："舜作'箫韶'九成，凤凰来仪，其形参差，象凤之翼。"后来遂称徘箫为凤箫，笙为凤笙。《古今乐录》记述古琴曲《神凤操》说："周成王时，凤凰翔舞，成王作此歌。"庾信的《看舞》也说："鸾回不假学，凤举自相关。"模仿凤凰的舞、乐、歌比比皆是。古人何以这样偏

爱凤凰？这是因为凤凰曾是我们祖先的图腾。

与图腾舞相类似的还有傩舞，它和图腾的形式相似，都是化为歌舞，内容略有差异。前者表现对祖先的崇拜，后者专事驱鬼逐疫的仪式。《古今事类全书》卷十三记述："昔颛顼氏有三子，亡而为疫鬼……于是以岁十二月，命祀官时傩，以索室中而驱疫鬼焉。"《吕氏春秋·季冬纪》说："前岁一日，击鼓驱疫厉之鬼，谓之害除亦曰傩。"郭沫若解释甲骨文中的"鬼"字："像人戴面具之形。"行使驱鬼仪式者称为"巫"（男性称"觋"）。《说文解字》解释说："巫，祝也。女能事无形以舞降神者也。像人两袖舞形。"所以，巫又是古代专职的歌舞艺术家。传说夏代尚巫，近人还把巫的作法步态称为"禹步"。《商书》谓："恒舞于宫，酣歌于室，时谓巫风。"商代称歌舞为巫风，"巫"和"舞"又属同一字源，正因为巫和舞的关系是这样密切，所以王国维在《宋元戏曲考》中才认为歌舞之兴始于巫。

龙舞

原始社会的劳动、战斗和宗教都是集体进行的，反映这种生活方式的娱乐活动也是集体的、大规模的。这些娱乐活动既是劳动的训练、丰收的庆典，又是军事演习和宗教仪式，在社会生活中占据着十分重要的位置。可以说，那些好猎人、好战士、好的歌舞能手也就是好男人、好女人、好的游艺活动的创造者。越是善舞不倦就越能得到异性的欢心，所以，舞是寻找爱侣的最佳方式，是先民们延续自己有限生命的重要途径。

远古的先民在原始的舞蹈中创造着娱乐，创造着游艺，亦在游乐原始欲望的激动中走向无限广阔的大自然。

从原始娱乐到嬉戏游艺

从史前人类社会生活的发展可以看出，原始娱乐的出现是使后来众多的人类游艺活动在其基础上得以发生的标志。从某种角度上看，没有原始的娱乐活动，就不会有人类游艺活动的发生。

结合原始社会先民们的生活状况，我们知道，原始娱乐作为先民们的一种普遍的活动形式，渗透在史前人类社会生活的各个方面，在社会生产力极为低下的原始社会，当人们在劳动中得到了一点收获时，其喜悦的心情是可想而知的，于是免不了要高兴地呼叫，免不了手之舞之、足之蹈之来庆贺一番，更免不了借用手中的生活用具去舞弄一番。这是先民们改造自然取得初步成果难以忘怀的喜事。按照原始社会先民们的"万物有灵"观念，在收获之后，总要以祭品娱谢"神"灵，在"神"灵前回忆、模仿表演劳动或生活中的过程，于是乎就出现了原始的娱乐。原始娱乐既是一种愉悦心情的宣泄，又是一种表现这种愉悦心情的庆贺活动，同时也是在"神"灵前回忆、模仿众人合力而得以收获的表演过程。

最早的游艺活动的特点是集体性，这与早期人类活动的特点是相一致的。由于那时人们的个体力量单薄，无法独御自然，于是便产生了强烈的求同意识。这是共同劳动之同，共同收获之同，共同愉悦之同，共同祭祀之同，共同生存之同。原始娱乐的诸种形式就是以"同"为核心组成的形式符号，它反映了我们的先民视"同"为生命的心理。自古以来，我国几乎所有的游艺活动都是以多人共同活动的形式出现的，从中我们可以看出这种强烈的求同意识的积淀。由此可见，"同"与原始娱乐密不可分，原始娱乐与我国传统的游艺活动密不可分。原始娱乐的出现，标志着由非审美的人类向审美的人类的演变，它使我们的先民在社会的进程中迈出了可喜的一步。它意味着我们的先民已经开始懂得，除了为生存而必须从事的一系列顺乎自然、改造自然的集体活动外，还有一种能够使人们在精神上得到愉悦的感受，反映求同意识的审美形式，即游艺活动以及与之密切相关的原始艺术活动。

至此我们可以认为：中国传统的游艺活动是在中华神州这块历史悠久的土地上得以发生的。从发生学的角度看，中国传统游艺活动产生于人类最初的娱乐，可分为间接发生和直接

篝火晚会上欢快的舞蹈

发生两大类。间接发生是指从生产手段、生活方式、信仰崇拜仪式等人类社会生活中通过娱乐活动而演变发生的游艺活动，它们一般都有着厚实的历史根基和文化意蕴。相比较而言，直接发生的游艺活动，则是人们为了娱乐、消遣、竞赛或教育等原因而有意识地创造出来的。可以说，原始娱乐的出现是中国传统游艺活动得以发生的标志，它表明我们的先民第一次摆脱了作为自然的附属而独立，其意义是明显的。

巫术活动中的娱乐因素

巫术是较娱神活动更原始的准宗教现象。它幻想以特定的动作来影响或控制自然现象，或幻想依靠"超自然力"对客体强加影响或控制。在原始社会的巫术活动中包含着较为强烈的娱乐因素，这一娱乐因素也同时孕育着原始娱乐文化形态的形式。

中国古书中，常有关于远古人因为遭受自然灾害的袭击，便幻想用音乐、舞蹈的力量来影响自然界的记载。《吕氏春秋》中说，"朱襄氏"的时代，"多风而阳气畜积，万物散解，果实不成"，有一个叫士达的人便"作为五弦瑟，以来阴气，以定群生。"同书又载："昔阴康氏之始，阴多滞伏而湛积，水道壅塞，不行其原，民气郁阏而滞著，筋骨瑟缩不达，故作为舞以宣导之。"这里说的五弦瑟的发明，是为了调节气候，改变"万物散解，果实不成"的情形。而"作为舞"则是为了疏导"壅塞""滞伏""郁阏"等，都带有强烈的巫术意味，天真的原始人希冀通过这些音乐舞蹈活动来控制自然。

远古时代的巫术还不能视为该词现代意义上的宗教，因为它不祷告，不崇拜神圣的君主，也不相信阴间鬼魂。所有的迹象表明：巫术除具有经济、自卫功能外，还起社会调节作用，即较广义地象征对某些自然现象的认识，补偿人对自然的依附。人们围绕动物图画跳摹拟狩猎动作的舞蹈、投掷标枪、放箭，就等于"战胜"了代表敌人的人，这是他们希望达到的真正目的。让我们来看看南太平洋美拉尼西亚岛的土人在收获薯芋时的情形："此地的土人收获了薯芋，即安置于特殊的屋宇内，在每种薯或芋上预先弄好了禁忌，及至宴会和跳舞以后，便举行一种普遍的小战争，循游于各乡村中，无论何种东西都颠覆倒置起来，俾使精灵逃匿……"（《民俗》杂志，中山大学1928年

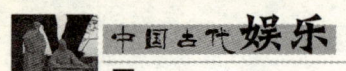

10期）显然，这些舞蹈、战争游戏起到的不是象征性的替代功能，它们是实实在在的、有明确目的的行为。在这里，创造奇迹的不是思想、也不是信仰，而是现实的、与娱乐有关的行为。原始人类正是透过经常的、充满激情的宗教舞蹈和游戏，在客观上实践着娱乐行为，同时实现了原始娱乐活动的功能。

性爱活动中的娱乐内容同样是不可忽视的。性的吸引产生了动物界最早的交往活动——两性间的交往。原始人类两性之间的交往活动十分丰富，与动物的性追逐有质的区别。为了赢得异性的好感，原始人用各种复杂的方式卖弄自己，以千奇百怪的动作来表现自己。从同性之间的争夺竞赛，到群体中间的相互挑逗，原始人用种种身体活动（包括舞蹈、游戏等与娱乐有关的活动）来满足自己的求偶、争斗和炫耀的心理，最终得到性的满足和精神的愉悦。普列汉诺夫指出："两性的舞蹈，指望激起性感。"在这里，娱乐活动又成为追逐异性的重要手段，带有仪式化的性质。

另外，战争与原始娱乐也有着密切关系。战争出现于原始社会后期，其表现为部族间为了争夺食物或血亲复仇而引起的攻打。形成于战争中的战舞和游戏一般具备这么两方面的意义：其一，训练部落的战斗技能；其二，摹拟战斗行为以表达胜利的喜悦。

十万年前的石球游戏

1976年，考古学家在山西省阳高县许家窑村的文化遗址中，发掘出了1500多个石球，这些石球重的为2000克，轻的为90克，共计重量有十余吨。据考古学家们证实，这些石球均为十万年前的人类所打制。那么，它们在当时究竟是做何用处呢？这个问题引起了许多专家们的兴趣。

一些考古专家在经过了一番分析研究以后认为，它们可能是原始时代的先民们用以打击敌人或捕猎野兽的工具。但是，同类型石球在其他一些文化遗址中也不断被发现，特别是陕西省西安半坡的母系氏族公社时期村落的遗址中发现的3个石球，是在一个三四岁小孩的墓葬之中，距今大约有7000年的历史。很显然，这些石球已经不仅是狩猎的工具和保卫自身安全的武器，而且也已经成为一种游戏的工具，因为三四岁的小孩是不大会用石球去击打野兽的。

第一章 走近古代游艺娱乐

石球由武器变为游戏工具的现象,是与当时生产力的发展和提高密切相关的。在人类发明了弓箭以后,石球的武器功能便逐渐消失,于是石球逐渐开始变成一种人们手中或脚下的玩物,用以互相抛玩、踢弄、嬉戏。中国一些文化学家们也早已看到这一点,如王其慧等编著的《中外体育史》中说:"在弓箭发明并得到普遍应用以后,石球便在母系氏族公社的全盛时期开始成为一种游戏工具。"

石球成为远古先民的游戏工具的事实,在后世的游戏形式中也找到了充分的依据。如明清时代的儿童游戏中便有一种名叫"踢石球"的游戏形式。玩时先把一石球放在地上,另一石球放在脚边,用脚把近处的石球向远处的石球踢去,踢中便算赢。这种踢石球的游戏方式很可能也被原始先民们所采用过。

由此可见,早在原始时代,我国的先民们就有了一定的游戏活动,玩球或许就是由他们创始,也是最受他们欢迎的一种游戏方式。

 知识链接

考古发现中的陶球游戏

除了石球以外,20世纪80年代初,考古学家在四川、安徽等新石器时代的文化遗址中,还发现了一些距今5000多年的陶球。四川出土的陶球用细沙红陶烧制,直径3厘米、空心、薄壳,球面分割成若干对称、均等的三角形和扇形,这与春秋战国时史料所记载的《宜僚弄丸》中的丸铃形象完全一致。从这些陶球外形上的精美、细致等特征来看,可以肯定它们已经不是一种狩猎的武器,而是一种具有较为明显的游戏功能的玩具。

古老的先秦游戏

自公元前21世纪我国历史上第一个奴隶制国家——夏王朝的出现，经历了商朝和周朝，最后直至秦统一中国，总共有近2000年的时间。在这段漫长的历史过程中，中华民族开始逐渐由野蛮走向文明，社会经济和思想文化也有了很大的发展。特别是周王朝后期的春秋战国时代，随着社会体制由奴隶制向封建制过渡，当时社会的价值观念、道德标准、文化精神和生活态度都发生了很大的变化，人们的思想空前活跃，文化观念和文化需求也呈现了一种多元化的格局，尤其是在战国后期，"士"的人数激增，流品也日益复杂，他们注重实际，讲究功利而不受礼义、道德、法治的约束。有的学派如杨朱学派和杂家更是公开主张及时行乐，追求声色富贵，如《吕氏春秋·仲春纪》云："古人得道者，生从长寿，声色滋时，能久乐之。"这种追求享乐、崇尚声色的社会风尚，为游戏活动在先秦时代的流行和发展奠定了重要的基础。

由于社会思想的活跃和文化娱乐需求的日益增长，先秦时代出现了许多很有特色的游戏活动。司马迁在《史记》中写道："临淄甚富而实，其民无不吹竽、鼓瑟、击筑、斗鸡、走狗、六博、蹋鞠。"《战国策·齐策》中也有类似的说法："临淄之中七万户……其民无不吹竽、鼓瑟、击筑、弹琴、斗鸡、走犬、六博、蹋鞠者。"这些记载中所提到的"斗鸡""走狗""六博""蹋鞠"等事项，都是当时社会中非常盛行的游戏活动。

斗鸡是将两只性情凶猛的公鸡放在一起，引诱它们互相啄咬攻击，以此来寻求乐趣的一种游戏活动，这种游戏在先秦时代的王侯贵族府邸中经常可以见到。如《左传》中曾记载了一个关于鲁国的季氏和郈氏两个大夫以斗鸡取乐的故事。他

斗鸡游戏

第一章 走近古代游艺娱乐

们两人为了使自己的鸡能够斗赢对方,还各自采用了一些特殊的方法,季氏是在自己的鸡身上披上一件特制的铁甲,而郈氏则是在自己的鸡爪子上套上金属做的套子。这样两鸡争斗起来就更为凶猛,也更为有趣了。这种斗鸡方式可以说明当时的斗鸡之术已经是非常发达了。

六博也是一种在先秦时代就已非常盛行的古老游戏活动。六博又称"六簿"或"陆博",是一种带有一定赌博性的棋类游戏。六博所用的棋子双方各为六枚,六黑六红,又有骰子六枚,故称为"六博"。六博的起源极早,《说文》云:"(六博)局戏也,六箸十二棋也。古者乌曹作簿。"乌曹是夏桀的臣子,说明六博这种游戏早在夏朝时就被创制出来了。到了商周时期,六博已经成为一种君王贵族们经常玩的游戏。《史记·殷本纪》中,记载过一则有关商朝帝王武乙与天神玩六博的故事:"帝武乙无道,为偶人,谓之天神。与之博,令人为行。天神不胜,乃僇辱之。"《穆天子传》中,也有一则关于周穆王与井公玩六博的材料:"(穆王)北入邴,与井公博,三日而决。"这些记载都说明早在商周时期,六博游戏便已在宫廷和上层社会中开始流行了。春秋战国时代,随着商业城市的兴起,六博游戏更是盛行于世,许多先秦文献如《论语》《左传》《庄子》《战国策》《楚辞》等书中,都有不少关于六博的记载,内容涉及君王、诸侯、贵族、大夫、士和平民等各个阶层。特别是在一些像齐国这样的政治上比较开明,文化上比较自由,商业经济比较繁荣发达的国家中,六博这种带有一定赌博性的游戏方式更是获得了十分广阔的市场。

与六博相关的还有围棋这种古老的棋类游戏活动。《论语·阳货》中云:"饱食终日,无所用心,难矣哉!不有博弈者乎?为之,犹贤乎已。"这段话中的"博弈"二字,指的便是六博和围棋。写于春秋战国时期的《论语》中已经将六博与围棋并称,说明围棋的起源也非常古老。与《论语》时代相近的《孟子》中还提到了一个名叫弈秋的人,他的围棋技术非常高明,是当时的一个著名的围棋手。围棋在春秋战围时代的流行与当时的社会背景有很大的关系。春秋战国是我国奴隶制开始衰亡,封建制刚刚兴起的社会大变革时代,也是我国古代史上文化大发展的时期,当时的数学、天文学、军事学以及体育艺术等等都有了相当的发展。因此,弈棋这种与数学、军事学密切相关的攻战布阵斗智的游戏形式便开始迅速发展起来,并很快成了当时社会上

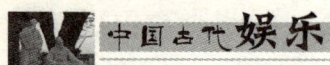

十分盛行的风尚。

先秦时期还有一种重要的游戏活动,那就是所谓的"踏鞠"。踏鞠又叫"蹴鞠""蹙鞠",其实就是我国最为原始的足球游戏。这种游戏活动早在3000多年前的殷商时代就已出现。在殷商用来占卜的甲骨文字中,已有关于踏鞠之事的记录。过去有些人认为中国的足球是在近代以后从欧洲引进的,但是实际上早在3000多年以前我国就有了足球运动的雏形,蹴鞠游戏便是它的最早源头。有的古籍中甚至将我国蹴鞠的起源一直推到上古时代,如刘向《别录》中称:"寒食蹴鞠,黄帝所造,以练武士。"就把蹴鞠的发明权归属于上古时代的黄帝的说法恐怕是附会之辞,但是根据现有的资料来看,蹴鞠活动在商周时期已经开始出现,在春秋战国时期已经十分普及。

第二节
古代娱乐故事趣话

孔子与音乐

孔子(公元前551—前479年)名丘,字仲尼,鲁国(现山东曲阜)人。

孔子是我国古代伟大的思想家、哲学家、政治家、教育家,也是一位与音乐有着不解之缘的音乐家。

孔子的头衔很多,如加上历代君主对他追加的封号和民间对他的不同尊称,制成今天的名片,可能是世界上最大的"名片"了。可惜的是孔子生不逢时,正处在春秋战乱、礼崩乐坏的时代。他终生怀才不遇,思想苦闷,后人对他追封的称号和待遇,他都没得到,而他的后代倒是享尽了他的阴德。

孔子一生爱好音乐,他对音乐理论、音乐美学等方面都有研究和论述,

第一章 走近古代游艺娱乐

尤其是对音乐教育方面做出了很大贡献,对于中国音乐的发展,产生了重大而深远的影响。

孔子创办私学开展教育,在孔子的教育体系中,非常重视音乐教育,他所教授的"六艺"中即礼、乐、射、御、书、数,音乐是排在第二位的,并且把"乐"同"礼、刑、政"结合起来,构成他治国理论的核心。在中国历史上,孔子是第一个把音乐教育提到如此高度的人。

孔子对音乐教学既全面,又严格。他自己爱好弹琴唱歌,也教学生们弹琴唱歌。他认为:一个人只有智慧、廉洁、勇敢和技艺是不完善的,只有再学习好"礼"和"乐"才能真正成为完人。所谓"兴于诗,立于礼,成于乐",就是

孔子

这个意思。一个人的修养,要从"诗"开始,完善于"乐",但这中间的核心是——要立于"礼",只有把这几方面结合好,才能成为完人。

但有一点值得研究,许多书中对孔子的"乐",仅仅理解为音乐的性质,这是不全面的,体现不了孔子真正的艺术思想。

中国是礼仪之邦,我国古代的乐舞从来都是和祭祀神、祖宗的仪式相关联的。礼本身也是一套动作,按照一定的程序,身体作进、退、出、入、俯、仰等动作组合,这一切动作都要和着音乐的节奏而进行。"礼"、"乐"不仅在艺术形式上是相关联的,而且在孔子的理论中也更多地体现了各种美好素质的总和。

古代"礼"、"乐"从来不分,但在孔子的理论中有分,即:礼用来教养人文,乐用来陶冶心性。尽管如此,二者必须相互配合,里外皆修,才能达

到自我完善的"君子"境界。《论语·八佾》中有云:"子谓《韶》'尽美矣,又尽善也。'"就是对这种形式和内容、人文和心性的完善统一的高度赞扬。所以,孔子说"乐",更多的是体现了一种品质、心性和美学意义上的总体性质。故此,"兴于诗,立于礼,成于乐"是把艺术活动体现在实现人的最高境界的深处,那就是"仁"。

孔子说:"知之者不如好之者,好之者不如乐之者。"(《论语·雍也》)

这就是说,仅仅知道什么是"仁"还不够,还要去爱"仁"。而仅仅爱好"仁"还是不全面,必须对"仁"产生心灵上的最高审美认识和感觉,才是全面的。这里的"乐",乃是指美学意义上的最高感情愉悦。

所以,我们现在理解孔子的音乐教育,不仅仅是教习弹琴、唱歌,还要教学生尚"礼",并且通过"礼"和"乐"的相互关系,体悟到做人的最高境界——"仁",这才是教育之目的。

孔子说:"人而不仁,如礼何?人而不仁,如乐何?"(《论语·八佾》)

就是说,一个人如果没有做人的根本德行,即便是学会了"礼"的形式,即便是掌握了艺术表演技能,而这一切对他有什么用处呢?

孔子办私学,而且将音乐教育置于六门功课的第二位,其宗旨是将音乐教育融入美学教育之中,以作为人的最高道德品质——"仁"的修养。在这个意义上,我们可以说,孔子是我国最早提倡和实施"美育"的人。

孔子还做了一件相当伟大的工作,那就是整理了不朽之作——《诗经》。关于《诗经》是否由孔子所编定,后人有种种质疑,各持己见,争论至今不休,但是孔子整理过诗经并保留下来,是不容置疑的。孔子说:"吾自卫(国)返鲁(国),然后乐正(整理),《雅》、《颂》各得其所。"(《论语·子罕》)便是有力的论证。况且,在"周室微而礼乐废,《诗》《书》缺"(《史记·孔子世家》)的时代,孔子以其67岁的高龄而对《诗经》反复演唱、编辑、整理,这一功绩在历史上是永远抹不掉的。

孔子在音乐上勤奋好学,学必通。所以他掌握了许多方面的音乐技能。"子于是日哭,则不歌。"(《论语·述而》)就是说,孔子一生之中,除了哪天特别悲伤以外,差不多每天都要弹琴唱歌,即使被困在陈蔡之野,连生命都不能保障的时候,他仍然在弹琴唱歌,可见音乐在孔子的生命中所占的位置是相当重要的。每当他听到别人唱了一首好的歌后,必定要请人再唱一遍,

第一章 走近古代游艺娱乐

他自己则跟着学唱。直到他临死的前七天，他还流着泪对子贡唱了一首歌："泰山坏乎？梁柱摧乎？哲人萎乎？"借此表达他对人生的眷恋之情和对自然规律的感慨。

孔子一生的音乐活动和对音乐教育的贡献是巨大的。虽然他死后的2000多年的遭遇比他生前更坎坷，但他在我国历史上的地位是崇高的、功绩是不朽的。

伯牙学琴的故事

春秋时期，楚国有一位著名的音乐家，名字叫俞伯牙。

伯牙从小天赋极聪，又很喜欢音乐，于是他便拜当时很有名气的琴师成连为老师。伯牙学习了三年，琴艺大进，已经成了当地很有名气的琴师了。但是伯牙时时感到内心空虚，演奏时心神不能守一，在艺术上还达不到更高的境界，为此，他经常非常苦闷。

伯牙的老师成连知道了他的心思后，便对他说："我已把自己的技艺全都教给你了，而且你都学习得很好了。至于对音乐的感受力、悟性等方面，我自己也没学好。我的老师方子春是一代宗师，他不但琴艺高超，而且对音乐有独特的感受力，教学的方法也是相当高的。他现住在东海的一个岛上，我带你去拜见他，跟他继续深造，你看好吗？"伯牙闻听大喜，连声道："好！"并感谢成连老师的再造之恩。

伯牙抚琴雕塑

他们准备了充足的食品后，便乘船往东海进发。一日，船行至东海的蓬莱山，成连对伯牙说："你先在这蓬莱山稍候，我去接你的太师父，马上就回来。"说罢，划着船便离开了。

过了许多天，成连还没回来，伯牙心里很伤心。抬头望大海，波涛汹

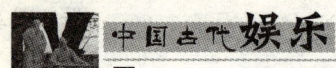

涌,海鸥穿浪而翱翔,浪涛声震动整个海岛。回首望岛内,山林一片寂静,只有鸟儿在啼鸣,像在唱着忧伤的歌。

伯牙孤身在岛上,心中很忧伤,加上周围的景象,不禁触动心弦,有感而发,仰天长叹,便即兴弹了一首曲子。歌中唱道:

　　像洞庭湖的水啊碧波流涟,
　　船划走了啊老师不回还。
　　将我之身啊移到蓬莱山,
　　我孤独忧伤啊老师为什么还不回还!

这首乐曲就是著名的《水仙操》,也可以说是伯牙的第一个作品。伯牙从这时起,便成了天下闻名的大音乐家了。

这是一个人人皆知的动人故事。

成连借口带伯牙去东海拜寻所谓的"太师父",实际上是让伯牙独自在大自然中寻求一种感受。伯牙身处孤岛,整日与海为伴,与树林飞鸟为伍,感情很自然地发生了变化,陶冶了心灵,真正体会到了艺术的本质,才能创作出真正的传世之作。所以说,伯牙学琴的过程,是一个寻求艺术美的"悟性"的过程,也是一个音乐情感升华的过程。

鲁班、墨子造木鸢

在中国游艺史上,还有一种流传最广、深受人民的喜爱的游艺项目,也是在春秋战国时代开始产生的,它就是风筝。

风筝有许多的名字,如纸鸢、鹞子、凤巾、春申君、毫见、凤瓦、纸鸥等。其中以"纸鸢"和"鹞子"的名字最为古老。唐代诗人元稹《有鸟》诗说:"有鸟有鸟群纸鸢,因风假势童子牵。"宋代诗人陆游《观村童戏溪上》也有"竹马踉蹡冲淖去,纸鸢跋扈挟风鸣"的诗句。明代郎瑛《七修类稿》说:"纸鸢,俗曰鹞子者,鹞乃击鸟,飞不太高,拟今纸鸢之不起者。"在我国古代,南方称风筝为"鹞";北方管风筝为"鸢"。鸢和鹞同是一种飞禽,即鹞鹰,由于这种鸟能长时间在空中平伸翅膀滑翔,看上去好像一动也不动地在空中盘旋。而古时风筝多为鸟形,凌空放飞时,双翼也是不动的,形状酷似鹞鹰,所以古人把风筝称为"纸鸢"或"鹞子"。

第一章 走近古代游艺娱乐

风筝的起源，从目前的历史记载和发现的古代风筝来看，最初的风筝问世，是受到飞鸟的启发，因而模仿飞鸟的形状制作并以飞鸟命名。同时，这一理想的实现则建立在人们对风能的认识和利用的基础上。

鸟是人类的朋友，它赋予人们美好的理想。人类从产生之时，就希望自己能像飞鸟一样在空中翱翔。所以，在原始社会，鸟作为一种图腾受到人们的崇拜。进入阶级社会后，鸟的图案被用于礼仪制度和民间习俗之中。周武王伐纣"以鸟画其旗"，表示正义之师，所向无敌。《诗经》中说："织文鸟章，白旆中央"。意思是说，旆上织有鸟纹图样，白色的燕尾状飘带多鲜亮。古代军队中使用绘有鸣鸢（张口鸣叫的鸢）的旗子。古代越人以鸢为风伯，即风神。后来，人们发明了风筝，其形状就是鸢形的。可以说，风筝寄托着人们翱翔蓝天的美好理想。

要想把风筝放到天空上去，就必须懂得如何借助风力。在秦汉以前，中国先民就已经懂得了风能的作用。这表现在风帆、风车和风筝的发明上。在商代遗留下来的甲骨文中，就已有多种"帆"字，这说明我国人民使用风帆的历史至少有3000多年。在汉代的壁画和画像石中常可以见到"风轮"的形象，造型与现代玩具风车相似，迎风即可自转。风帆利用风能作水平运动，风车利用风能作旋转运动，而风筝则利用风能作垂直和水平运动。应当说风

蝴蝶状风筝

筝比风帆和风车在风能的利用上又进了一大步。如果从使用技术的简繁来判定它们产生的时间顺序的话，应该是发明风帆在前，风筝在后。古代的中国人不仅利用风能进行交通运输和劳动生产，而且发明了风筝，用于人们的娱乐生活。这充分体现了中华民族伟大的智慧和创造力。

　　风筝起源于何时？这一直是个悬而未决的问题。自宋代以来，有许多学者对这个问题进行探讨，提出了数种观点。然而，到目前为止，还没有哪一种观点被视为定论。

　　第一种观点认为风筝产生于春秋战国时期，距今已有2400年的历史。此说所依据的资料是先秦古籍中关于鲁班、墨子制"木鸢"的记载。《墨子·鲁问篇》载："公输子削竹木为鹊，成而飞之，三日不下。"

　　《韩非子·外储说》有云："墨子为木鸢，三年而成，飞一日而败。"弟子曰："先生之巧，至能使木鸢飞……"春秋战国时代，造纸术还没有发明，风筝是用竹子或薄木制成的，所以风筝又叫"木鸢"。这些资料是关于风筝起源的最早记载，后人大都赞同这一观点。汉代王充曾说："儒书称鲁班、墨子之巧，刻木为鸢。"唐代李石在《续博物至》中也说："墨子作木鸢。飞三日不集"。近年来，有些学者对此提出异议，认为木鸢和风筝虽然都属于飞行器，但二者的性质不同：木鸢属于"扑翼飞行器"，即靠扇动翅膀，拍打空气飞行；而风筝则属于"定翼飞行器"，依靠自身与空气相对运动产生的动力飞升。因此，不能把木鸢视为风筝的前身。但是，这种观点忽略了一点，那就是木鸢不一定是"扑翼"的，因为像现代定翼的滑翔机，同样可以在空中翱翔。因此，不能简单否定木鸢就是风筝前身的论点。

　　第二种观点认为风筝起源于秦末汉初。这种观点的依据是有关韩信制作风筝的传说。最早记述这一传说的

鲁班塑像

古籍见于宋代高承的《事物纪原》。书中写道:"俗谓之风筝,古今相传云是韩信所作。高祖之征陈豨也,信谋从中起,故作纸鸢放之,以量未央宫远近,欲以穿地隧入宫也。盖昔传如此,理或然矣。"此说纯是后人推测,事迹均不见史传,因此很难认为风筝源于韩信。

第三种观点认为风筝始于五代。魏崧在《壹是纪始》中指出:"纸鸢始于五代"。近人徐柯《清稗类钞》也持此说:"风筝,纸鸢也,五代时,李邺于宫中作纸鸢。"其实,在五代以前的史书中早有关于纸鸢的确切记载,风筝源于五代的论点不攻自破。

第四种观点认为风筝起源于南北朝。《资治通鉴》有载:"梁武帝太清三年,有羊车儿献策作纸鸱。"史学家胡三省注:"纸鸱即纸鸢,今俗谓之纸鹞。"《南史·侯景传》中也有类似的记载。这种观点所依据的史料都来自正史,较之墨子、鲁班造木鸢和韩信造风筝的传说,可靠程度要大,但这些材料只是说羊车儿使用过风筝,这不等于风筝就是他最先创造的。

在这四种观点中,从史料记载和风筝产生的客观条件两方面来分析,应该说,在我国春秋战国时代,风筝已经产生,它的创造者是鲁班和墨子。问题在于,这时出现的"木鸢"是用竹木制成的,是后世风筝的雏形;南北朝时才出现用纸糊的"纸鸢";五代以后定名为风筝,沿袭至今。这是中国风筝发展的三个阶段。

曹植的《斗鸡赋》

斗鸡属于一种禽戏,古代称为"斗戏"。要了解汉代斗鸡的情况,需追溯一下它的渊源。在中国,斗鸡的文字记载始见于春秋时代。中国有句成语叫"呆若木鸡",形容人呆头呆脑,像木鸡一样。这个典故出自古书《庄子·达生篇》,讲的是2800年前,纪渻子为周宣王养斗鸡,经过40天的训练,这些鸡平日如同木头鸡,一动不动,而相斗起来,一般的鸡不敢与之交锋。可见,我国从很早就有了斗鸡及训练斗鸡的人。

两汉以前,斗鸡主要是皇室贵族们的玩物,一般百姓无心于此。春秋时代,鲁国的季平子和邱昭伯两家都酷好斗鸡。他们所用的斗鸡都出自山东的阳沟。阳沟是古代出产斗鸡的地方,这里的斗鸡长到3岁就很魁伟,加上人

激烈的斗鸡场面

们采用把狸膏涂在鸡头上的办法，常常能够轻易战胜对手。狸是一种善于捕捉家禽的小动物，取狸的膏脂涂抹在鸡头，就会使对方的斗鸡闻气味而畏惧。《左传·昭公二十五年》记载：季、邱之鸡斗。"季氏介其鸡"、"邱氏为之金距"的方法。"介"，就是铠甲；"距"，就是鸡爪。季平子把斗鸡用特制的鸡甲武装起来，增强了鸡的防御性；邱昭伯则将金属的利器套在鸡爪上，加强鸡的进攻力。一攻一防，用心良苦。魏人应场《斗鸡诗》曰："介羽张金距，连战何缤纷。"描写的正是这种斗法。

汉朝，斗鸡之风甚为盛行。汉朝初年，刘太公将斗鸡带入宫中，受到皇帝、权贵的喜好。汉武帝时常与宠臣董偃"游戏北宫，驰逐平乐，观鸡鞠之会。"鸡鞠之会是专门斗鸡、蹴鞠，供皇帝观赏娱乐的地方。汉宣帝也喜好斗鸡，常到以斗鸡为业的"斗鸡翁"家中去游玩。汉成帝在鸿嘉年间（前20—前17年），仿照汉武帝"斗鸡走马长安中，积数年。"鲁恭王是汉景帝的儿子，他养了许多斗鸡和其他禽类，所花费的费用巨大，一年就耗费稻谷2000石。

在近年的汉代考古中，不断发现汉画像石上的斗鸡图。成都市郊出土《庭院》画像砖，方形的宅院，四周墙垣围绕，一座很高的望楼矗立在后面，庭院屋宇宏敞，前院两只斗鸡交颈相斗，后院两只仙鹤翩翩起舞，厅堂上宾主二人正在对饮方酣，观赏着斗鸡舞鹤。河南南阳出土一块汉画像砖，也描绘了斗鸡和斗鸡人的形象。画面上，两侧各站一位斗鸡人，都戴着高冠，穿着长衣，两手前举，似在吆喝助威，中间是两只雄鸡，长颈长脚，突胸长尾，展翅昂首，正在交颈而啄斗。这些中国最早的斗鸡图，造型古朴，形象逼真，可以说是当时斗鸡习俗的真实写照。

三国时，斗鸡之戏仍然盛行。《邺都故事》曾记载：太和年间（227—232年），魏明帝曾筑斗鸡台，与群臣斗鸡取乐。魏国当时许多著名的文骚，其中，刘桢、应场、曹植等写下了多首吟咏斗鸡的诗篇。如：

第一章 走近古代游艺娱乐

　　游目极妙伎，清听厌宫商。主人寂无为，众宾进乐方。长筵坐戏客，斗鸡观闲房。群雄正翕赫，双翅自飞扬。挥羽邀清风，悍目发朱光。嘴落轻毛散，严距往往伤。长鸣入青云，扇翼独翱翔。愿蒙狸膏助，常得擅此场。

　　这首诗的大意是：人们赏舞听琴已经厌倦了，主人无所事事，客人们纷纷进献娱乐的方法。于是众人摆开长筵，来到斗鸡场观赏斗鸡。一群雄鸡态势威猛，气盛形张，双翼高扬。它们挥动翅羽，奋激清风，目发朱光，短兵相接，尖嘴落处，轻毛飞散，利爪一抓，往往伤及对方。最后的胜利者踌躇满志，长鸣入云，轻轻扇着翅膀，显示着余威它多么希望，如果能助我以"狸膏"，那么我可以战胜所有对手。

　　这首诗用奇妙生动的语言，描写了鸡的争斗，有声有色，形象逼真，如在眼前，并且把鸡人格化了，写出了鸡的神情，也表达了作者尽情游戏的愉快心情。这首诗以艺术的手法再现了曹魏时代斗鸡游戏的生动情景，十分珍贵。

音乐家李延年的故事

　　在西汉武帝时期，中国历史上出了一位著名的音乐家——李延年。

　　李延年，中山人（今河北定县一带），大概是家族基因良好，他全家都是以乐舞为职业的艺人。

　　李延年年轻的时候，接受腐刑（按规定宦官都要受腐刑，即阉刑）做了太监，在皇宫里边担任管理猎狗的工作。

　　李延年自身的艺术素质很好，再加上从小在家里受到较好的艺术教育，所以他的艺术才华是很高、很全面的，能弹琴、唱歌，而且还能舞蹈。由于他的歌舞才能很高，所以汉武帝很喜欢他，常唤他来表演。

　　有一次，李延年在殿前侍候汉武帝，边跳舞边唱歌，歌中唱道：

　　　北方有佳人，
　　　绝世而独立，
　　　一顾倾人城，
　　　再顾倾人国。

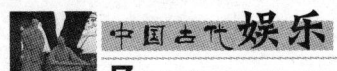

宁不知倾城与倾国，

佳人难再得。

今天我们经常用"倾国倾城"之貌来形容丽人美女，其典故就取于此。

汉武帝被李延年的歌舞所打动，更为他歌中唱到的美人所倾心，不禁感叹道："美极了！难道世上真有这样的美人吗？"这时汉武帝的姐姐平阳公主在旁边进言道："李延年所歌颂的那位倾国倾城的美人，正是他的妹妹啊！"汉武帝闻听大喜，急忙派人接来召见，果然貌美绝色，而且舞也跳得美妙。于是，汉武帝日日与李夫人形影相依，宠爱无比。后来，李夫人生了一个儿子，便是昌邑哀王。

由于李夫人得宠，族人都裙带荣耀。李延年的哥哥李广利荣任贰师将军，并封为海西侯。李延年被任命为协律都尉（音乐官名），负责乐府的管理工作，每年二千石的俸禄，这在当时，地位是非常显赫的。

李延年的作曲水平是很高的，他曾为司马相如等数十位文学家所编写的诗词配曲。为汉武帝作《郊祀歌》19首，这是皇家用于祭祀仪式的乐舞篇章，虽然其内容和形式不免带有传统祭祀乐舞的刻板形象，但李延年还是以自己的创作注入了一些新的旋律和音响。

李延年对乐府所搜集的大量民间乐歌进行加工整理，并编配了许多新曲广为流传，这对当时的民间乐舞发展起了很大的推动作用。汉代乐府在历史上的伟大贡献，与李延年卓越的领导、组织和出众的才能、辛勤劳动是分不开的。

李延年的作曲水平很高，更可贵的是他的创作思维也非常开放。他根据张骞从西域带回的唯一一首乐曲《摩诃兜勒》，改编成了28首新曲，深受朝野内外喜爱，这充分显示了他创作思维的活跃，以及作曲技法的高超新颖。他一生从事音乐活动，为汉代音乐风格的形成和我国后来音乐的发展，做出了卓越的贡献。

但就是这样伟大的音乐家，他的命运和结局却是非常悲惨的。

李延年的妹妹李夫人死后，作为宠妃，汉武帝用皇后的礼仪埋葬了她。在一段时间内，汉武帝还比较厚待李家宗人，但仍不免渐渐失宠。后来，由于李延年的哥哥李广利投降了匈奴，他的弟弟李季因"淫乱后宫"获罪，李延年及其家族全被汉武帝诛杀光了。一代英才就这样含冤九泉之下了。

第一章 走近古代游艺娱乐

在黑暗的封建社会里，艺术家是"玩物"而不是人。他们的命运都操纵在封建帝王的喜怒情绪之中，在那样的历史大背景下，李延年的悲惨结局几乎是无法逃脱的。

李清照与《打马图经》

提到李清照，便会想起她那"莫道不消魂，帘卷西风，人比黄花瘦"清丽凄凉的词句。李清照，号易安居士，山东济南人，是我国古代杰出的女作家。她多才多艺，不仅词、诗、文有很深的造诣，工书善画，精通音律，而且对博弈之类的游艺也颇有研究。她在南宋绍兴四年（1134年）写的《打马图经序》中说："予性喜博，凡所谓博者，皆耽之昼夜，每忘寝食。"即她玩博戏着了迷，常常忘记了吃饭睡觉。

她在序文中，对宋代博戏的发展状况做了总结，提出了自己的游艺思想。她认为，游艺的最高境界，在于专心致志，只有贯通棋理，精心一艺，便可使自己的技艺达到极妙的地步。即所谓"慧则通，通则无所不达；专则精，精则无所不妙。"例如：庖丁解牛，莫不恰中节理，一会儿就把一只庞大的牛肢解完毕；郢人举起斧头，迅速把一个人鼻尖上的一抹白粉砍掉，而鼻子毫无损伤；音乐家师旷辨音的能力特别强；离娄能察秋毫之末于百步之外。这些绝妙的技艺都是专心致志、锲而不舍的结果，她认为，这一点上至学习圣人之道，下至博戏娱乐，莫不适用。

李清照对古代博戏还下过一番整理工夫，搜集了许多博具，但"靖康之难"后金军灭亡北宋，李清照随丈夫金石学家赵明诚逃到南方时，"流离迁徙，尽散博具"，实在大为可惜。李清照在《打马图经序》中根据自己多年的研究，对宋代博戏的状况做了简单概述。当时长行、叶子、博塞、弹棋等已失传，樗蒲、蹙融等已渐趋废绝，选仙图之类的游戏单纯靠运气，不能启发人的智慧。只有围棋、象戏

李清照纪念堂建筑

最流行,但又仅供二人玩,也有缺陷。李清照认为,"打马"游戏简明有趣,可以几人一齐玩,是"博弈之上流,闺房之雅戏"

李清照十分推崇的"打马"是一种什么样的游戏呢?据李清照根据民间打马活动整理编写的《打马图经》记载,宋代的打马游戏有3种,把有一将十马的打马称作"关西马",把没有将只有二十马的称作"依经马"。这两种打马游戏流行已经很久,到宋徽宗宣和年间(1119—1125年),有人把关西马和依经马相互结合,创制"宣和马"的玩法。"关西马"和"宣和马"因没有史料流传下来,现在我们已无法知道它的玩法,而"依经马"由于李清照的喜爱,它的图谱、玩法均被记录下来,写成《打马图经》,才使我们可以了解依经马的玩法。李清照的《打马图经》实际上只是打马游戏中依经马的著作。

依经马所用的棋盘与象棋盘完全一样,四周绘有9个关隘,分别以地名和官署名来命名,如:"赤岸驿"(今陕西大荔县西南)、"玉门关"(今甘肃敦煌西北)、"函谷关"(今河南灵宝东北)等都是地名,而"太仆寺""飞龙院""沙苑监"都是古代掌管养马的官署。关隘之间各有8站,分别以古代名马的名称来命名。玩家用3枚骰子,按所掷点数之和行棋,行棋中可以走数步,可以倒退,还可以打掉别人的马。谁先将自己的20个棋子闯过9道关隘,走到终点,便是胜利者。

打马所用的"马",也就是棋子,十分奇特。富贵之家用犀角或象牙刻成,普通人家则用铜铸成。棋子大如铜钱,一面雕刻各种姿态的马图,一面刻有汗血、渥洼、赤骥、绿耳、渠黄等名马的名字,或刻有"千里之马""追风之马"等文字。根据史书上记载,西汉武帝时,从西域的大宛国得到一种良马——汗血马,相传它是天马的后代,可以一日千里。"渥洼"在今天的甘肃省安西县,是党河的支流,相传古时候,人们在这里得到一种神马,便称这种马为"渥洼"。"赤骥""绿耳"和"渠黄",相传是周穆王的三匹良马,是有名的"八骏"之一。这些名马图所雕刻的骏马或奋蹄疾驰,或缓辔徐行,矫健骁悍,十分可爱,

打马游戏盛行于宋元两代。南宋诗人陆游曾有"冷落秋千伴侣,阑珊打马心情"的词句。南宋《西湖老人繁胜录》中说当时杭州市井中有专卖"打马图"的商人。元代散曲中也提到这种游戏。《逞风流王焕百花亭》杂

剧第一折中，小二哥夸赞书生王焕："此生世上聪明，今时独步，围棋、打马、投壶、蹴鞠……九流三教事都通，八万四千门尽晓。"此外，在元代杨朝英编的《太平乐府》、明朝无名氏辑《盛世新声》等散曲集中也提到打马。

除了李清照的《打马图经》外，宋朝还有多种打马著作。如郑寅的《打马图式》、无名氏编的《打马格局》、谢景初的《打马格》和宋迪的《打马格》等。这说明在宋代，打马游戏十分流行，有不少人研究它并写成著作。可惜的是，除李清照的《打马图经》外，其他著作未能流传至今。

明朝以后，打马依然流行于南方。明末清初时的学者周亮工在《书影》一书中说，他的朋友杭州人陆骥武在福建重刻李清照的《打马图经》，并用犀角蜜蜡制作打马钱，一度在福建等地颇为流行。明朝皇宫中流行一种"走马"游戏，便是打马的变种。但到清朝以后，打马便逐渐失传了。

中国古代的"高尔夫球"

在欧洲，人们认为高尔夫球最早起源于荷兰。在保存至今的一幅14世纪末、15世纪初的荷兰古画中，画有二人持球，一人持杖击球的情景，这被认为是欧洲高尔夫球的最原始资料。然而，有趣的是在欧洲出现高尔夫球的二三百年前，中国也有一种用球杖击球，以将球击入球穴多少定胜负的捶丸之戏，可谓是中国古代的"高尔夫球"。

捶丸之戏盛行于宋金元明四朝，但它最早源于唐代的"步打球"。唐代帝王、贵族爱好马球，由于马的奔腾迅猛，往往发生摔伤事故，因而为了适应贵族妇女不善骑马的需要，出现了一种徒步持球杖打球的游戏方法，名叫"步打"。唐代诗人王建《宫词》诗中有"殿前铺设两边楼，寒食宫人步打球。一半走来争跪拜，上棚先谢得头筹"的诗句，说明这种用球杖击球的步打，在1000多年前的宫廷妇女中已经十分流行。

宋元之际，步打逐渐发展为捶丸之戏。宋代宫廷中常专门为皇室贵族举行捶丸活动，供他们游乐。捶丸活动也受到儿童的喜爱，宋代无名氏所绘《蕉阴击球图》绘有两个儿童各持小杖击球的生动形象。元代宁志斋老人所著《丸经集叙》中也说宋徽宗和金章宗都喜好捶丸。在山西洪洞县水神庙明应王殿的壁画中，有一幅绘于元朝泰定元年（1324年）的《捶丸图》。图上，在云气和树石之间的平地上，两位身穿红袍的男子，手持球杖，各据一方。左一人俯身作击球姿势，右一人侧蹲注视前方地上的球穴。稍远处有两个侍者各持球棒，全神贯注地观看双方捶丸。这幅壁画生动地反映出元代捶丸的真实情况。

元世祖至元十九年（1282年），一位以"宁志斋"为书斋名字的老人，总结过去和当时捶丸活动的方式和规则，著成了《丸经》一书。《丸经》是中国捶丸活动的唯一专著，因此显得十分珍贵。这本书共2卷，32章，详细记述了捶丸的场地、用具、活动人数、方式、裁判规则等。宁志斋老人认为捶丸有益健康，尤其是对终日坐读、筋骨不舒的知识分子，可以"养其血脉，以畅四肢"。从事捶丸活动，先要选择有凸、凹、坡、坎等地形富于变化的场地，掘好一定数目的球穴，然后按分班对抗、多人对抗或二人单打3种形式，确定活动方式。活动开始，在离球穴60～100步的地方，用鹰嘴状或橘瓣状球杖将球击入球穴。三杖内击入者得一筹，如有犯规者，则少计一筹或倒扣一筹，最后以得筹多少定胜负。

古代捶丸游戏

第一章 走近古代游艺娱乐

妇孺皆好的捶丸之戏

捶丸之戏,在明代的较大城市中仍很常见。明朝人周履靖在重印《丸经》跋中说他年轻时游历全国城镇,看见许多人都玩捶丸。明宣宗朱瞻基亦爱好捶丸之戏。北京故宫博物院藏有一幅《明宣宗行乐图》长卷,其中一段描绘朱瞻基亲自下场捶丸的情景,为明代的捶丸活动留下了直观性的记载。明人杜堇所绘《仕女图》中亦有描绘几个妇女在林中玩捶丸的画面,说明在明代不仅皇帝参加捶丸活动,而且一般妇女也喜好捶丸之戏。

及至清代,捶丸之戏在中国急剧衰落,甚至绝迹,这恐怕与清初严禁百姓进行各种习武健身活动有关。

中国的捶丸与近世欧洲所流行的高尔夫球有不少相似之处,如都有球穴、都用带有弯头的球杖、以击入球穴多少定胜负等。但是,欧洲高尔夫球的出现要比中国的捶丸晚200~300年左右,其间的因缘关系一直是个谜。

近世的汉学家们根据大量史料认为由于蒙古帝国军队的大举西侵,使欧亚交通洞开,中西文化交流日益增多,捶丸之戏便被来往东西方之间的人带到了欧洲,逐渐在荷兰、英格兰等国传开,并对以后出现的高尔夫球产生影响。这不仅表明中国的捶丸是现代高尔夫球的始祖之一,而且也说明世界文化是世界人民相互启发、相互促进的共同产物。

龙舟竞渡溯源

在中国整个游艺习俗体系中,节日游艺占有非常重要的地位,它从时间上决定了人们在一年中所进行游艺活动的主要内容,而其他游艺活动大都是围绕着各个节日而展开的。在诸如元旦放爆竹,元宵观灯;清明斗草、拔河,

端午赛龙舟等节日游艺中,以春秋战国时期形成的龙舟竞渡为最早。千百年来,龙舟竞渡作为我国人民喜闻乐见的一项传统游艺活动,以其丰富的内涵受到人民的喜爱,历久而不衰。那么,龙舟竞渡是怎样起源的呢?它起源于何时何地呢?

中国古代关于龙舟竞渡的起源有各种各样的美妙传说,其中流传最广、影响最大的说法是为了拯救伟大诗人屈原。南朝人宗懔在《荆楚岁时记》中最早讲龙舟竞渡起源于屈原投水。书中说:"按五月五日竞渡,俗为屈原投汨罗日,人伤其死,故并命舟楫以拯之。至今竞渡,是其遗俗。"后世大都沿袭这种说法。唐代诗人刘禹锡作《竞渡曲》,有"灵均何年歌已矣,哀谣振楫从此起"之句,"灵均"就是屈原,因为屈原字灵均。"振楫"是挥动船桨的意思。这两句说,屈原投江之日,也就是竞渡习俗开始之时。

清朝学者赵翼曾作一首《连日竞渡再赋》诗,也认为竞渡源于屈原投江。诗曰:

竞渡传从楚岁时,为投角黍吊湘累。

谁知千载沉渊痛,翻与人间作水嬉。

意思是说:竞渡起源于春秋战国时的楚国,为了是把角黍(粽子)投给怀抱沙石投江而死的屈原。谁知道这件令人悲痛的事,千百年后竟成了人间

赛龙舟

第一章 走近古代游艺娱乐

的娱乐游戏。

除纪念屈原的说法之外,还有纪念伍子胥、勾践、马援、白洁夫人等说法。伍子胥是春秋时吴国大夫,曾为振兴吴国出了大力,到吴王夫差时,吴越争霸,吴国攻破越国,伍子胥劝吴王拒绝越王勾践求和,未被采纳,反而遭到疏远,后被赐剑自杀,所以吴地人说龙舟竞渡"事在子胥"。越王勾践卧薪尝胆,最后灭吴雪耻,称霸中原,所以越地人说:"竞渡起于越王勾践"。马援为东汉著名将领,曾任伏波将军,经营陇西,功绩卓著,受到西南人民的爱戴,所以有人说:"竞渡龙舟,始于马伏波。"此外,云南大理白族说竞渡是纪念自己民族的白洁夫人,西双版纳傣族纪念的是自己贤明的国王岩洪鳖。这些传说都表达了人们一种共同的心理,即对英雄人物的崇敬与怀念。起初,龙舟竞渡所纪念的历史人物是因地而异的,随着时间的流逝,伍子胥、勾践、马援的影响逐渐淡灭,而伟大的爱国主义者屈原以悲壮的事迹和名著《楚辞》受到人民的敬仰。所以,一般人们都认为龙舟竞渡起源于纪念屈原。

实际上龙舟竞渡同其他游艺活动一样,也起源于人们的日常生活。在古代,中国南方水网密布,人们以舟代步。节日里人们划船走乡串寨,碰到一起常常要比试一下划船,看谁划得快。这种活动年年相袭,并流传下来,形成最初的竞渡习俗。后来又由于宗教的盛行,人们受中国"龙神"观念的影响,将舟船制成龙形,在龙舟竞渡中注入图腾、祭神等内容,使龙舟竞渡中增加了一定的宗教性。但龙舟竞渡从根本上仍然是一种传统的娱乐活动。闻一多先生认为:"在急鼓声中,划着那刻画成龙形的独木舟,在水上作竞渡的游戏,给图腾神,也给自己取乐。"

从目前一些考古资料来看,龙舟竞渡在屈原之前就已存在。1976年在浙江鄞县出土了一件春秋时期的青铜钺。铜钺一面为素面,另一面在边框线内,上方有两条相向的龙。下部以边框线表示狭长的轻舟,上坐四人,头戴羽冠,双手划船。这种纹饰被称为"羽人划船纹"。这种纹饰在中国西南地区发现的铜鼓上也普遍存在。从各种划船纹的内容来看,这些船皆狭窄轻便,首尾两端高翘,装饰着"鹬鸟"纹,无桅、无篷,都用短桨。船上的人物大都戴羽冠,基本上是两人并排划水,大多为坐姿。船头有执羽杖指挥的人。这些船纹几乎与现在的龙舟竞渡完全一样,应是当时竞渡习

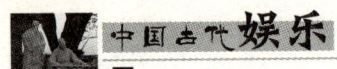

俗的真实反映。

先秦时期，北方中原一带，流行赛舟习俗，不过不是在五月端午日，而是在三月的"上巳"日。

《韩诗》记载："三月桃花水下之时，郑国之俗，三月上巳，于溱洧两水上，执兰招魂续魄，被除不祥也。"三月桃花时节，水暖花开，野外郊游，泛舟游水，确实于人有益。晋成公《绥洛禊赋》诗："考吉日，简良辰，被除解禊，同会洛滨。妖童媛女，嬉游河曲，或振汗手，或濯素足。临清流，坐沙场。"这首诗赋，反映了人们在"上巳"节的欢快嬉戏的场面。至于手执兰草，招魂续魄，以避灾害，不过是旧时迷信的习俗罢了。

到西汉时期，三月上巳日"招魂"习俗广为流传。汉武帝因多年无子，也曾于三月上巳日到长安城外的灞水，泛舟被禊，希望"招魂"得子。《后汉书·礼仪志》记载："是日上巳，官民皆絜，于东流水上，曰洗濯被除，去宿垢痰，为大絜。"这种水上嬉游的活动，又称作"春禊"或者"修禊"。

魏晋以后，三月上巳之日，正式定为三月初三。《梦粱录》说："三月三日上巳之辰，曲水流觞故事，起于晋时，唐朝赐宴曲江，倾都禊饮踏青，亦是此意。"南北朝时，三月初三，"上巳节"竞渡招魂，祛除不祥，成为民间的重要节目。到了隋唐时，定三月初三上巳日为"招魂节"。每到此日，都要举行盛大的竞渡活动。唐朝皇帝每年"上巳节"，都亲临水上宫苑"鱼藻宫"，让太监宫女划桨击楫，歌舞筵饮，观看竞渡。

唐朝以后，上巳节的竞渡游艺愈来愈隆盛，并失去了"招魂"的意义。，《东京梦华录》记载的北宋汴京上巳节游艺就是在三月一日，而不是三日。这一天，开金明池让吏民百姓观竞渡争标游艺。金明池"在顺天门外街北，周围约九里三十步，池面直径七里许……有西北临水殿，车驾临幸观争标赐宴于此。"《东京梦华录》中提到的赛船，有小龙船、虎头船、飞鱼船、鳅鱼船和大龙船等，所谓"争标"，是这样描写的："诸船皆列五殿之东，面对水殿排列成行。则有小舟一军校执一竿，上挂以锦彩银盌之类，谓之'标竿'，插在近殿水中，又见旗招之，则两行舟鸣鼓并进，捷者得标，则山呼拜舞……"

由此可见，"竞渡"活动是从上巳"招魂节"演化而来。南朝陈代文学

第一章 走近古代游艺娱乐

家江总《三日侍宴宣猷堂曲水》诗曰:"上巳娱春禊,芳辰喜日离。"就是描写人们在温暖的春天,嬉游泗水,泛舟竞渡,"蠲百疴,漱清源以涤秽兮"的欢快景象。

至于在五月端午的"竞渡"游艺,最早见于记载的是三国时期东吴周处的《风土记》。魏晋南

龙舟竞渡

北朝以后,江南人民逐渐把三月上巳"招魂节"的竞渡活动,和五月初五的泛舟投粽祭吊屈原的祭礼合并为一事了。

南朝梁代的宗懔在《荆楚岁时记》中记载:"五月五日竞渡,俗谓是屈原死汨罗江日。伤其死所,并命将舟楫以拯之,至今为俗。"这是最早将吊唁屈原和竞渡活动联系在一起的记载。

东晋南朝时期,匈奴、鲜卑、羯、氐、羌等少数民族占据了北方,大批汉族人侨迁江南,为了解江南地区的民情风俗,编撰了许多的地理方志书籍,《荆楚岁时记》就是在这种情况下问世的。同时,南迁汉人又将北方地区的游艺习俗带到了南方,南北风物习俗杂糅并处,形成了新的风俗习惯。

端午节作为北方的传统,不仅是除病祛灾避祸之日,同时又成为祭奠爱国诗人屈原的节日。另外,面对北方少数民族的不断南侵,江南的端午竞渡、祭奠屈原的活动,也就不只是民俗游戏,还包涵了更深刻、更现实的社会意义了。

于是,士人们也就为端午竞渡、祭奠屈原寻找可靠的依据。《隋书》中讲道:"屈原以五月五日赴汨罗,士人追至洞庭不见,湖大船小,莫得济者,乃歌曰:'何由得渡湖。'因而鼓棹争归,竞会亭上,习以相传,为竞渡之戏。"《隋书》这个说法,作为端午竞渡游艺的依据,似乎是太牵强了。寻找屈原的遗体一直寻到洞庭湖,因为没有找到,回船时就竞渡赛舟,这是很难说得过

29

去的。但是，五月端午赛舟竞渡在江南地区却愈传愈广，成为端午节的重要内容之一。

唐朝玄宗时期，徐坚在《初学记·五月五日》条中，详细地记载了端午节的习俗活动："仲夏端午，烹鹜角黍，进筒粽。造百索系臂。又有条达等织组杂物，以相赠遗。采艾悬于户上。踏百草，竞渡。"

宋、元时期，赛舟竞渡在我国南北地区都广为流传。南方一般是在五月端午，形式也比较简单。北方仍是三月上巳，且发展成为盛大的竞技游艺活动。

北宋张择端的《金明池争标图》，在尺幅之中，展现了三月上巳节时，汴梁金明池宏伟盛大的竞渡争标的场景。画面视野开阔，气氛热烈，池水中一只大龙船的两侧，各有四支小龙船，船上有桨手六对，船头立有一人，手持旗幡，等待扬旗发令，竞渡夺标。前方水中，插有一"标竿"，当是双方赛舟争夺的目标。四周岸上，有数千人围观。图的左部有一豪华水殿，有仪仗侍立两侧，殿上观赏竞渡的是皇室之人。另外，图中还有"水傀儡"，"水鞦轩"等水上竞技表演。

元代王振鹏《龙池竞渡图》，无名氏《龙舟夺标图》都生动地描绘了当时"龙舟竞渡"的热闹景象。

在我国南方，三月上巳竞渡游艺，宋元以后，少见于记载，便逐渐废弃遗忘了。

明、清时期，北方过端午节习俗，仅为悬艾草于门户之上，吃粽子祭奠屈原。但是，在江南水乡，赛龙舟的活动却越来越隆重热闹。人们制造了专门用于竞渡的龙舟，即浅底、矮帮、瘦长的赛艇，艇帮绘上龙鳞，艇首装上龙头，有时还插上各色彩旗。按艇的长短，有九、十一、十三对划桨手并排而座，艇尾一人掌舵，艇首一人敲锣或击鼓喊号，指挥桨手，一声令下，各艇争先，先到终点为胜。

据《武昌府府县志》记载："竞龙舟，分东西南街沿岸分竞，以胜负为荣辱。"又据《雷州府府志》载："众往观竞渡，好事者悬银钱于竿，龙舟竞夺之，谓之夺标。"《杭州府志》也有同样的记载："五月端午……各至河干湖上以观竞渡，龙舟多至数十艘，岸上人如蚁。"可见这种景象是多么的壮观！

第一章 走近古代游艺娱乐

"龙舟"是我国古代帝王专用舟船的名称。《穆天子传》卷五讲道:"天子乘鸟舟龙舟,浮于大沼。"这是关于"龙舟"的最早记载。湖南长沙马王堆汉墓出土的西汉帛画,绘有一神人立于舟形的龙身上,游于水上。由此可见,时至西汉初年,神仙帝王乘坐"龙舟"的概念已十分普及。

汉代以后,除皇帝所用舟船称为"龙舟"以外,吏民百姓所用舟船,皆不得称"龙舟"。魏晋时期,每逢三月上巳,帝王常常乘"龙舟"泛游于江河湖沼。晋张华《三月三日后园会》诗:"泛彼龙舟,溯游洪源。"闾邱冲《三月三日应诏》诗:"泛泛龙舟,皇在灵沼。百辟同游,击棹清歌。"总之,隋唐以前的竞渡赛船活动的文字记载,绝无把"龙舟"与"竞渡"联系到一起的。

自宋代以后,端午竞渡的赛船,就被称之为"龙舟"了,前引余靖诗"龙舟争快楚江滨",就是明显的佐证。另外,宋的《金明池争标图》,元的《龙池竞渡图》和《龙舟夺标图》,都绘有龙舟赛船,这说明,迟至南宋时期,在竞渡游艺中,已破例使用皇帝专乘的"龙舟"了。

龙舟何以"下放"民间,成为庶民百姓端午竞渡的赛船了呢?有两种说法可供参考:一是说屈原沉江自尽以后,百姓投祭的粽子常被蛟龙所食。为了使屈原能够得到后人的祭品,人们便造龙形舟船穿梭于汨罗江,击鼓鸣金,吓跑水中的蛟龙;另一种说法是后代的帝王为了褒奖屈原忠君爱国的精神,所以在祭吊屈原时,破例恩准使用帝王的"御船"——龙舟。但是,这两种说法,均不见于古代典籍。

"龙舟竞渡"延传到清朝后期,在我国的江南地区,逐渐成为民间各"会社"实力竞争的盛会。特别是民间秘密的反清结社发展起来后,端午节祭吊爱国诗人屈原的竞渡游艺,又成为人民群众向腐朽的满清政府示威的盛大集会。于是,龙舟竞渡愈办愈隆重,场面宏伟,声势浩大。

自从爱国诗人屈原自沉汨罗江以后,五月端午这个时令节日,从防病祛灾发展到投粽祭屈,最后形成为"龙舟竞渡"。这项民间游艺活动之所以在南方地区如此盛行,几千年经久不衰,越来越兴盛。

热闹的游戏节

中国古代游戏活动中还有一种颇具时令性特色的形式——游戏节。所谓游戏节,是指为了开展某种游戏活动专门设立的一个特定的时日,这种节日一般都是为那些规模较大、参加人数较多的大型游戏活动而设立的。届时人们要纠集各路游戏队伍,到规定的场所中进行集中的比赛。游戏者要拿出平时训练的各种看家本领,在游戏场上你争我夺,决一胜负。

这一天前来观看的群众也特别多,他们来到游戏场所,一方面是观赏游戏者们的精彩表演,一方面也是借此机会来寻找一些其他的乐趣,如吃小食、坐茶馆、逛街、买物等等。因此到了游戏节这一天,场外街上往往都特别热闹。琳琅满目的商品摆满了柜台,五花八门的摊位比比皆是,令人眼花缭乱,目不暇接。游戏节的安排和筹划常常还有专门的组织,负责整理游戏场地,设置游戏器具,安排游戏程序等等工作。

斗牛

第一章 走近古代游艺娱乐

明清时期金华地区十分盛行的斗牛会，便是一种典型的游戏节形式。据清人陈其元《庸闲斋笔记》中记载，金华地区的斗牛会，一般都被安排在春、秋两季中某个固定日子中进行。斗牛前数日，主家便要邀请各方来客饮酒聚会，以表诚心。到了斗牛会开始那天，千万名群众涌向赛场，把道路挤得水泄不通。斗场设在水田中，方圆四五百亩，田塍旁皆搭台置桌椅，以供本村男女老少及外村来客观赏。这时很多做饼饵的、卖瓜果的、装水烟等小生意人也夹在人群之中，你挤我拥，热闹非凡。

斗牛出场时，前面有人敲着大锣大鼓，后面跟着数十个护卫。牛头上插着金花，牛身上披着红绸。到了田间后，斗牛的两家各派四个身强力壮的汉子站在牛的两旁，以作保护。二牛互相注视一会，便开始以角相抵，各展技巧。三五回合后。两家便将牛拉开，各牵牛回去。得胜者还要大摆酒席以示庆祝。

居住在贵州从江、黎平地区的侗族，也有类似的斗牛节活动，时间是在农历二月和八月的亥日。斗牛节开始之前，后生们便要吹着芦笙到外村去约请斗牛的对手，称为"送给"。在参战的水牛前，人们还要吹奏芦笙，鸣放铁炮，喝酒祭天。节日凌晨，鸣炮三声后，水牛在锣鼓、芦笙的音乐声中，被前呼后拥地牵向斗牛场。中午时，一支支斗牛队伍入场巡回三周以示其威。为首一个身着亮布衣服的人扮作罗汉，手执马牌开道，接着是手拿金瓜、斧钺的前卫队，后跟锣鼓手和芦笙队。牛头罩着红缎子，背置"双龙抢宝"的彩色牛王塔，胸前挂着串串银铃。绕场毕，开始斗牛。经过激烈的争斗，得胜之牛披上红布，再次入场示威，其主人则放鞭炮祝贺。输方要设宴款待胜方，并陪唱大歌，送赎旗彩礼。

云南白族的"秋千节"、西藏藏族的"赛牦牛节"等等，也都是颇有特色的游戏节。云南白族举办"秋千节"的时间是从每年农历腊月二十八日起，为期一周。秋千节开始后，各路荡秋千好手纷纷登上秋千架，斗智斗勇，献技献艺，四村八寨的男女老少也都纷纷涌来观看，场面非常热闹。白族群众非常重视这个节日，认为在秋千节时打一回秋千，可以平安365天。藏族的"赛牦牛节"，大都定在每年的11月25日举行。届时山南曲松所属的四个牧区，各选一头最健壮、善跑的牦牛，由驭手骑着牦牛赛跑。比赛距离一般是1500米左右。荣获第一名的，要把该区的大旗插在自己家里最高的屋顶上，

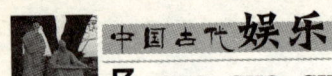

以示荣耀。

通过以上的几个例子我们可以看出，游戏节是一种专门定出某个具体的日期以举行某种游戏活动的节日，一般都是为顺应那些规模较大、人数较多的大型游戏活动的需要而产生的。由于大型游戏活动事先需要经过较长时间的准备，如参加的人员必须预先通知，游戏的形式和程序必须经过精心的安排，游戏所用的动物必须经过长时期的训练、调教等等，因此这类游戏活动常常必须早在活动进行之前就定出日期，久而久之，这些日期便成了固定的游戏节日。

第二章
源远流长的百戏杂艺

　　百戏杂艺,是一种源远流长的民族艺术。它既有人类以自身技艺进行的表演,又有利用动物之特点进行的表演;既有力技,又有技巧,同时又融汇了中华文化的诸多艺术特点。因而,中国百戏杂艺的萌生,是受中华远古文化的诸多因素影响的。人类创造了自身,同时也创造了自己源源不断的文化艺术,包括具有华夏民族独特风格的百戏杂艺形式。

第一节 技巧游艺

 跳丸

跳丸也称为弄丸。这种游艺形式在东周时期就已经出现在了被称为"蛮夷之邦"的楚国一带，并达到了很高的水平。《庄子·杂篇徐无鬼》里记载了一位春秋战国时期的弄丸手宜僚，说："市南宜僚弄丸而两家之难解……"关于这段文字的释义，后世的学者各持一说。郭象注释道："南宜僚，善弄丸铃，常八个在空中，一个在手，楚与宋战，宜僚披胸受刃，于军前弄丸铃，一军停战遂胜之。"而成玄英疏云："楚白公胜欲因作乱，将杀令尹子西。司马子綦言：'熊宜僚勇士也，若得，敌五百人。'遂遣使屈之，宜僚正上下弄丸而戏，不与使者言……白公不得宜僚，反事不成，故曰两家（之）难解。"以上的解释虽然不尽相同，但其主题却都是反映了宜僚弄丸技艺是相当高超的。这也是关于手技耍弄的最早记载。不过，从这种技艺的高超程度分析，弄丸这种游艺活动当已有一段相当长的发展历史了。从江南地区所发现的陶响球看，春秋战国时期出现的"弄丸"活动，当是由五六千年以前耍弄陶响球一类的手技技巧发展而来。

跳丸发展到汉代，已经很普及，发现的图像和陶俑资料也较多。从这

陶响球

些资料可以看出，汉代的跳丸，首先抛接的数量能确认的有三到九丸，分单手抛接和双手抛接。两丸一般为单手抛接。单手抛接最多可接六丸。南阳县王寨出土的画像石，一弄丸手正单手抛接六丸，而另一只手还要兼顾配合。六丸在手上方飞腾，手下方还有六丸，有人认为这是为表演中不断增加飞丸的数目而准备的。双手抛接以三至七丸较多，而又以接五丸最常见。从山东微山县两城公社出土画像石上的弄丸图像看，当时抛接的飞丸有大小轻重之别，这比抛接大小轻重相同的飞丸难度相对要大一些。在抛接技艺上，汉代跳丸技艺已经从单纯用手抛接发展到兼用臂、肩、跗（足背）、臀、足跟、膝的地步，抛接部位最多的有手、臂、跗、臀兼用的。因此，汉代跳丸游艺不仅难度增加了，而且花色的变换也增多了。

跳丸技艺在游戏时，抛接的圆丸数量越多，难度就越大。一般来说，能接到五丸之数时，要想再增加一丸，非有二三年功夫不可。游戏时银丸从手中有规律地连续抛接，就像喷射的泉水一般，如果是多人集体表演的相互抛接，更是银光闪闪，恍若流星行空，满台飞舞，令人目不暇接，扣人心弦且气氛热烈。由于跳丸所具有的独特的技巧和艺术性，现今已成为杂技演出中盛行不衰的节目。

跟斗

跟斗是中国古代技巧游艺中形体动作的基础。在原始人类的生产活动中，为生存而产生的各种劳动技能和人类自身的跑、跳、走等活动，实际上已经包含了"跟斗"一类形体动作的萌芽。至春秋战国时期，作为一种专门的技巧，"跟斗"技艺已成为游艺艺术中形体动作的主要内容。

当时，有一种被称为"翻金斗"的技巧动作，其特征就是"跟斗"的原型。关于"翻金斗"的来历，《战国策·燕策》中曾有一段相关的记载："张仪为秦破纵连横，谓燕王曰：'大王之所亲，莫如赵，昔赵王以姊

翻跟斗

为代王妻,欲并代,约与代王遇于勾注之塞。乃令工人作为金斗,长其尾,令之可以击人。与代王,而阴告厨人曰:'即酒酣乐,进热歠,即反斗击之。'于是酒酣乐,进取热歠,厨人进斟羹,因反斗而击之。代王脑涂地。"这段话的大意是,张仪为秦国破六国连横的策略,到燕国去游说。他对燕王说:"与您最亲近的莫过赵王。过去赵王把他的姐姐嫁给了代王,想吞并中山国,就和代王相约在勾注之塞会面。于是就让工人铸造了一个长尾巴的、可以打人的金斗。见面之后,赵王与代王一起饮酒,同时私下里告诉厨子:'待酒喝到最畅快的时候,你就上热汤,并趁机翻过金斗以柄击打他。'这样,在酒饮到最酣畅的时候,厨子按约上来斟热羹,并翻过金斗击打代王,致使他脑浆迸裂而死。"

这是在翻转金斗之间,赵王赵襄子谋杀代王吞并中山国的故事,这是在我国古籍中第一次出现"翻金斗"的记载。

《穀城山房笔麈》一书在解释"翻金斗"一词的词义和考"金斗戏"的真正起源时说:"齐梁以来,散乐有'倒掷'伎,疑即翻金斗也。翻金斗字义起于赵襄子之杀中山王,后之二人以头委地而翻身跳过,谓之'金斗'"。以头点地而腾身翻过,实际上是跟斗游艺的一种,后世名之为"加官"。按照技巧艺术游艺形体动作的基本规律,既有跟斗,就必须有倒立、下腰和窜跳等基本动作,因为它们互相连接,分拆不开。因此,可以说春秋战国之时,较为典型的跟斗——"翻金斗"技巧游艺就已经出现了。

汉代百戏中出现了大量的跟斗、倒立以及柔术等游艺形式,如山东曲阜市东风公社旧城出土的汉画像石中有一幅画面,图中一人正原连续后仰翻跟斗,旁边一人拊掌为节,并由人击鼓、吹排箫伴奏。山东滕县于村画像石亦有一伎做腾空后仰翻姿势,旁有乐队伴奏,四人拊掌为节,另一人击鞞鼓。这些均反映出这种出自先秦的跟斗技巧游艺,在这时已发展得相当成熟了。

汉代以后,跟斗技巧游艺更为兴盛,成为一种大众化的游艺性综合活动。1977年甘肃省酒泉市果园公社丁家闸五号北凉墓出土的壁画中,有一幅翻跟斗的画面。画面中,在乐队的伴奏下,两位赤足、着红裤、三色裙、腰束带的女艺人,正在铺有席子的地上作两手倒立的翻跟斗游戏。此后这种游艺形式一直长盛不衰,并不断被糅合到杂技、戏曲、体育等艺术形式中。迄今,京剧艺术、体操等领域常常见到这种跟斗活动形式。

第二章 源远流长的百戏杂艺

竿技表演

竿技,主要分为爬竿和顶竿两种。爬竿又称"缘竿"或"缘橦",是杂技艺人爬上竖立的竿木进行各种精彩的空中表演项目;顶竿,又称"戴竿""竿木""透橦""都卢寻橦"等名目。它是由一名艺人顶戴一根长竿并使其保持平衡,然后由另一名或多名艺人沿竿爬上,在竿上进行各种惊险的空中表演的杂技项目。顶竿比缘竿的难度更大,表演技巧更高。

竿技的起源很早。当人们还处于巢居时代,缘树上下,习以为常,这大概就是竿技的最初源头。但是,作为一项杂技项目登上舞台进行表演并给人们带来娱乐欢笑则是在春秋战国时期。据《国语·晋语》所载,晋国就有"侏儒扶卢"之戏。韦昭注曰:"扶,缘也。卢,矛戟之秘(柄)。缘之以为戏。"这是由侏儒艺人攀缘矛戟杆柄表演的"扶卢"之戏。

到汉代,竿技正式成为"百戏"表演节目。汉代的竿技称"寻橦(幢)",又名"都卢伎"。都卢是国名,相传其国人身轻,善缘木,大约在汉代表演的"寻橦"技传自都卢国,所以又称"都卢寻橦"。到魏晋南北朝时期,竿技有了进一步的发展。

到隋唐时期,竿技有了更大的发展,主要表现为花样翻新、形式多样上。隋炀帝统治时期,民间或宫内经常举行规模盛大的百戏表演活动,大业二年(606年),突厥染干可汗入朝,炀帝为了向客人夸耀,下令搜罗天下的散乐百戏,大集于东都洛阳,于芳华苑之积翠池畔举行了演出,有史料记载:"帝帷宫女观之……并二人戴竿,其上有舞,忽然腾透而换易之"。当时,民间还涌现出了一些"缘竿"高手,据如《隋书》卷六十四《沈光传》中记载,隋末吴兴人沈光,曾攀缘禅定寺前一根高十余丈的幡竿,只见他"以口衔索,拍竿而上,直至龙头。系绳毕,手足皆放,透空而下,以掌拒地,倒行数十步。观者骇悦,莫不嗟异,时人号为'肉飞仙'"。像他这样的缘竿能手,在隋唐时期应该还有,因为对于广大民众来说,在平时的劳动生产实践中,经常会遇到类似的攀缘活动,假如没有一身过硬的缘竿技艺显然是不行的。

到盛唐时期,竿技表演活动非常频繁。每逢重大节日都要举行百戏表演,而其中必有竿技。据《旧唐书》卷二十八《音乐志一》记载,每年的正月十五日夜，唐明皇都要亲临勤政楼，观灯作乐，王公大臣们则在看楼上观赏，"夜阑，太常乐、府县散乐毕，即遣宫女于楼前缚架出眺，歌舞以娱之。若绳戏竿木，诡异巧妙，固无其比。"有一次，教坊竿木家王大娘戴百尺竿，上置精巧复杂的木山，其形状仿佛传说中的海上仙山瀛洲、方丈，山上有一个小孩手拿绛红色小旗不断出入其间，表演各种惊险的动作和歌舞。玄宗、杨贵妃及众嫔御看后，命年方十岁的刘晏便当场咏诗道：

　　　　楼前百戏竞争新，唯有长竿妙入神。
　　　　谁谓绮罗翻有力，犹自嫌轻更著人。

该诗说出了竿技的美妙与受人欢迎的程度。王邕《勤政楼花竿赋》对勤政楼广场上的花竿表演进行了精彩的描写，从赋中可以看出当时表演用的戴竿是五色彩绘，故称花竿，竿长百寻（寻为古代长度单位，以八尺为一寻。"百寻"，极言其长，含有夸张成分在内，未必为实际长度）。表演竿技的美丽伎人，在一片急促的金鼓弦管声中，缘竿而上，在竿上做着各种徘徊往复、腾跃倒挂的惊险动作。伎人在空中舞动罗袖，在蓝天白云的映衬之下，就好像是仙娥踊出、天女飞来，又好比是凤栖枝头、莺居乔木，真是美妙无比！而观者则摩肩接踵，人头攒动，挥汗如雨，举袂成帷，仰颈观看，惊心动魄。连一向精彩激烈的角抵游戏和美妙的巴渝歌舞都相形见绌。凡是观赏过这种精彩的竿技表演者，没有不称赞其美妙的！

技艺高超的绳技

　　绳技，又有高絙、舞絙、戏绳、踏绳、履索、走索等名目。絙，意即粗绳。高絙，即在高空绳索上表演各种平衡腾跃等惊险动作的一种杂技项目。据《旧唐书》卷二十九《音乐志二》记载："高絙伎，盖今戏绳者也。"绳伎表演时要先将绳的两端固定，使之尽量平直，然后伎人在绳上进行表演，这是一项具有很高风险的空中杂技项目。

　　绳技是古代百戏的一项重要节目。早在汉代就开始流行，据蔡质《汉仪》说：每年元旦大朝会都有百戏表演，其中绳技表演为"以两大丝绳系两柱（中头）间，相去数丈，两倡女对舞，行于绳上，对面道逢，切肩不倾"。张衡在《西京赋》中描写当时的百戏表演情景时也提到绳技："走索上而相

第二章 源远流长的百戏杂艺

逢。"唐人李善注曰:"索上,长绳系两头于梁,举其中央,两人各从一头上,交相度,所谓僻䋈者也。"李尤在《平乐观赋》中记载了更复杂的绳技动作:"陵高履索,踊跃旋舞。"这说明绳技表演除了在绳上行走之外,还有跳跃旋转等舞蹈动作。在汉画像石中,也有表现绳技的场面。如在山东沂南汉墓发现

走索游戏

的画像石上,有一幅《走索图》:两只架子上系着大绳,绳子的两头从架上斜拉至地,缠绕着固定的木橛。绳上表演者一共有三人,中间一人在绳上倒立;左右各有一人,手舞撞竿前进,右边持双橦者正在跳跃,绳下有四把刀尖向上的尖刀,显得十分惊险。在河南新野也出土过描写走索的汉画像砖,这表明汉代的绳技已经具有了相当高的水平。

到魏晋南北朝时期,绳技在继承传统技艺的基础之上继续流行。公元220年,魏文帝曹丕代汉前夕,大飨六军,表演百戏,其中就有"上索蹴高",也即绳技表演。曹丕的弟弟陈思王曹植也喜欢观赏绳技表演,后人平冽在《舞赋》中说:"陈思王荣分帝子,宠列天孙,集贤东阁,追宴西园……王乃奏长歌,登舞阁。征绝技于行宫,命天姬而走索。同曳绪之翩联,状跳丸之挥霍。"这说明观赏绳技表演是当时贵族们在宴集娱乐活动中的一项重要节目。《邺中记》有载后赵石虎曾于正会殿前作乐,也有"高䌖",即绳技表演。天兴六年(403年),北魏道武帝下令增修百戏,也有"高䌖",说明绳技在南朝也非常流行。

到隋唐时期,绳技有了更大的发展。隋炀帝大业二年(606年)举行的一次百戏表演中,就有精彩的绳技节目,据《隋书》卷十五《音乐志下》记载:"以绳系两柱,相去十丈,遣二倡女,对舞绳上,相逢切肩而过,歌舞不辍。"伎人在绳上对舞唱歌,显然其难度比单纯的走索要大得多。绳技表演在盛唐时期特别流行。每逢重大节日或朝会,如元旦、清明、中秋节等,朝廷通常都要举行一系列的百戏表演,走索是其中一项重要的表演节目。

41

狮子舞与假面游戏

狮舞，与马舞、犀舞、象舞等类似于马戏的兽类表演活动不同，是一种拟兽舞蹈，即由人装扮模拟狮子的形象而进行的舞蹈表演。

狮舞起源很早，大约自汉代以来就开始出现，并长期作为百戏表演活动的重要内容之一而深受广大人民群众的喜爱。在我国古代的民俗观念中，狮子向来被视为"瑞兽"，是威武吉祥的象征。狮子，在古代也通常写作师子，原产于非洲和西亚、南亚一带，自从汉代丝绸之路开通以来，月氏（今克什米尔及阿富汗一带）、安息（今伊朗）等国就不断派遣使者向汉王朝进献狮子等异兽。狮子的形象从而引起了人们的极大兴趣，出现了石刻狮子等艺术品，模拟狮子形象的表演活动也逐渐兴起。据《汉书》卷二十二《礼乐志》记载：汉乐府有"常从象人四人"。三国时魏人孟康注说："象人，若今戏虾鱼师子者也。"这说明早在汉魏时期就开始流行戏狮子表演了。

到南北朝时期，狮舞继续流传。北魏都城洛阳城内的佛寺在举行佛事活动中，经常有狮舞表演。据北魏杨衒之《洛阳伽蓝记》卷一记载：长秋寺，有一"六牙白象负释迦"像，"四月四日，此象常出，辟邪、师子导引其前……观者如睹。迭相践跃，常有死人"。杨勇先生认为，这里所说的辟邪、师子等，都是指百戏化装道具，并非真物。由于此类表演活动颇为吸引人，以至观者云集，经常发生踩踏死伤事故。南朝刘宋时，人扮狮形还曾用于战争，击溃过林邑象阵。萧梁时，在举行元会仪式时有狮舞表演。周舍作的《上云乐》辞就有："凤凰是老胡家鸡，狮子是老胡家驹。"唐朝大诗人李白曾模拟周舍辞作《上云乐》："五色师子，九苞凤凰。是老胡鸡犬，鸣舞飞帝乡。"据《古今乐录》说："《上云乐》七曲，梁武帝制。"《隋书》卷十三《音乐志上》记载：梁三朝乐，第四十四，"设寺子导安息孔雀、凤凰、文鹿、胡舞，登连《上云乐》歌舞伎"。可知《上云乐》是舞蹈曲名，是让乐人扮作老胡形状，率珍禽奇兽跳胡舞，为天子祝寿时所唱的歌词。南朝陈宣帝太建六年（574年）11月，定来年元会仪注时提到："旧元会有黄龙变、文鹿、师子之类，太建初定制，皆除之。至是蔡景历奏，悉复设焉。"原来陈宣帝即位之初，在定三朝之乐时，采用的是萧梁旧制，但却删除了原来的黄龙变、

第二章　源远流长的百戏杂艺

文鹿、师子之类,到了蔡景历奏明时又全部恢复。这说明狮舞在梁、陈时期一直都在流传。

到隋唐时期,狮舞表演活动得到进一步的发展。隋炀帝曾在东都洛阳的正月十五元宵节庆祝活动中,组织盛大的百戏表演活动,其中就有狮舞。薛道衡在《和许给事善心戏场转韵诗》中写道:"抑扬百兽舞,盘跚五禽戏。狻猊弄斑足,巨象垂长鼻。"其中"狻猊"是狮子的别称。

唐代还有将人扮狮形用于战争的记载,如德宗建中二年(781年)爆发"四镇之乱"时,中央派去镇压的部队曾"绘帛为狻猊象,使猛士百人蒙之,鼓噪奋驰,贼为惊乱,随击,大破之"。另外,还有在战车上蒙以狮形皮用于战争的记载。

总之唐代的狮舞显然是比以前得到了显著的进步,不但舞蹈色彩更加浓厚,而且表演内容也更加丰富。

宫廷幻术娱乐

幻术与杂技、马戏是我国土生土长的乡土艺术,但又是一项国际性的艺术,以表演技巧为中心,无需借助于语言,便能相互交流。它既便于传播,也容易接受外来技巧,在沟通中外文化交流中,往往是走在前面的艺术品种。汉代"丝绸之路"畅通之后,西域杂技幻术或经官方,或经民间陆续传来,部分优秀技艺很快被内地的艺人吸收,融入到传统节目之中,使传统节目更加精彩丰富,并搬入宫廷大舞台。

西域传来的技艺,在汉以前有零星记载。如《列子》记有"周穆王时,西域之国有化人(幻术师)来",但这记载是出自魏晋人之手笔,只可供参考。另据《史记》所述,公元前108年,有罗马、安息等地的幻术师随张骞来中原,这是西域幻术传入中国的首次记载。

精彩的杂技表演

二次记载是见于《后汉书·西南夷列传》:"永宁元年(120年),掸国王雍由调复遣使者诣朝贺。献乐及幻人。幻人能变化吐火,易牛马头,又善跳丸,数乃至千,自言我海西人。海西即大秦也,掸国西南通大秦。"(东汉安帝永宁元年)从西域传来的幻术节目有吞刀、吐火、植瓜、种树、屠人、截马、自支解、易牛马头和自缚自解等。

西域幻术多是形象残酷的节目。"吞刀"把真刀插入食道;"吐火"亦属苦刑幻术;"屠人"、"杀马"、"自支解",大都来自印度。汉安帝时,"天竺献技,能自断手足,刳腹胃",均为血淋淋的玩艺,后世亦屡有出现。唯"种瓜"乃流行于印度及南亚的优秀节目,表现为下种、引蔓、结瓜于顷刻之间,为中国的帝王所喜爱,一直流传至今。这些幻术传入中国后,有利于百戏体系的形成。

就汉代宫廷幻术表演而言,最著名的是"鱼龙曼延"。《汉书》举出鱼龙与曼延。实是两个相接而演的幻术。所谓曼延,亦写作漫衍。张衡《西京赋》云:"巨兽百寻,是为曼延。"可见曼延为彩扎巨兽背上突现神山景物,想必就是后来鳌山灯彩之类,鱼龙变幻则复杂得多。据蔡质《汉仪》记载:"正月旦,天子幸德阳殿,临轩……作九宾散乐,舍利兽从西方来,戏于庭极,乃毕,入殿前激水,化为比目鱼,跳跃漱水,作雾障日。毕,化成黄龙,长八丈,出水遨戏,于庭炫耀。"可见,瑞兽舍利,口吐黄金,变化为鱼,鱼激水,化为黄龙,通过几个连续反复的变化才是鱼龙游戏。鱼龙在隋代极盛一时,称为"黄龙变",此后,逐渐衍化为鳌山灯会之类。

秦汉帝王求仙之切,推动了幻术的发展。传说在渤海之中有"三神山",山名为蓬莱、方丈、瀛洲,据《史记·封禅书》载:"盖尝有至者,诸仙人及不死之药皆在焉。其物禽兽尽白,而黄金银为宫阙。未至,望之如云;及到,三神山反居水下,临之,风辄引去,终莫能至云,世主莫不甘心焉。"秦始皇、汉武帝为此追求长生和数次封禅,东临海滨,以求一遇仙人。于是秦汉间方士活跃异常,他们创造一些奇迹,或找到一些名不见经传的珍禽异兽,或驯练通灵的动物,寻求奇妙的药石,来证明他们的神通广大,以博取帝王的欢心。《史记·封禅书》就说秦汉年间:"齐人上书言神怪奇方者以万数。"这当中就有不少幻术。汉武帝所宠信的李少翁、栾大、公孙卿等,均是幻术高手。又汉武帝思念其爱妃李夫人,方士造了一个帐中人影的幻术;栾大的

第二章 源远流长的百戏杂艺

一套磁力小戏法，使汉武帝敬若神明，认为是李夫人还生，武帝以公主下嫁于栾大作为奖赏。可见汉武帝对幻术表演的沉迷。

东汉末年，曹操悟于黄巾张角等起事，深知汉代方士能利用幻术奇伎行邪作蛊，易于倡乱，因此对他们采取集中管理之策。据曹植《辩道论》云："世有方士，吾王悉所招致……所以集之于魏国者，诚恐欺人之徒，接奸宄以欺众，引妖孽以惑民，岂复欲观神仙于瀛洲，求安期于海岛，释金辂而履云舆，弃六骥而美飞龙哉！"这样，庐江的左慈、甘陵的甘始、阳城的郗俭等著名幻术家均入魏武彀中；谯郡的华佗托言妻子有病不能前往，竟遭到杀身之祸，这种集中的办法给幻术带来了交流提高的机会。如左慈用高超的幻术深深地吸引了曹操，据《后汉书·左慈传》载，有一天，曹操召集群臣在府上宴饮盛典，请左慈出席，曹操顾视众宾客说："今日高会，山珍海味都有，可惜只缺少吴国松江的鲈鱼！"左慈应声而答："这很容易办到。"说完。让人取来一个铜盆装满水，然后拿一根钓鱼竿悠然自得地在铜盆中钓鱼，一会儿就钓起一条鲈鱼。众人张口结舌，曹操则鼓掌欢笑，说："再钓，再钓，一条鱼不够大家吃，还得钓几条才行。"左慈便换上铒药，将渔竿垂钓于铜盆清水中，很快又钓了一条鲈鱼，两条鱼都有三尺左右长，张口吐气，新鲜可爱。曹操极为高兴，命令厨师当即做成了一道美味的鲈鱼脍端上来，分给众人品尝。曹操又说："鲈鱼已经有了，只可惜还没有蜀国的生姜。"左慈说："也可以办得到。"曹操担心左慈在附近取生姜，故对左慈说："我原来派人到蜀国去买蜀锦，临行前曾交待过要他们到那里带些生姜来，你可用幻术前去拿来。"话刚说完，左慈就把生姜拿来了。当出蜀使者回京时，曹操立即询问，果真是从蜀国买来的生姜。后来，曹操由文武百官陪同去郊游，左慈只带了一升酒和一斤肉干，边走边为大家供肉斟酒，结果酒和肉干总是不见完，而众官员都喝得烂醉如泥。曹操令人查访，原来左慈用摄取术把沿途酒缸里的酒和肉铺里的肉全部弄来了，曹操虽恼羞成怒，仍毫无办法。

吴国的孙权也同样喜欢幻术。据《神仙传》记载。当时有一位幻术家叫介象，因为技艺高超受到孙权的器重。一次孙权与介象谈到鲻鱼味美，很想尝尝。介象便取来一些泥土，垒成小坝，将井水取来放在水坝中，就开始钓鱼。不久，介象一拽鱼竿，一条欢蹦乱跳的鲻鱼就钓了起来。另一位幻术家葛玄，也深得孙权的赏识。有一次，他见有人从江中打起来一条大鱼，便说：

幻人吹火表演

"这鱼挺不错，就麻烦它到河神那里给我送封信去。"于是他用红笔写了一张纸条，塞进鱼嘴里，把鱼放入水中，一会儿，鱼又游回来，吐出一张黑字纸条，孙权对此大为好奇。

南朝宋齐两代朝廷庆贺元旦时，以幻术"鱼龙曼衍"作为例行仪典。随着西域幻术更大量地涌入中原，鱼豢《魏略》所述的罗马幻术东来和干宝《搜神记》中所记西晋永嘉年间印度流浪艺人表演的剪绳幻术，至今尚保留在杂技舞台上。公元426年，西域的幻术使团又一次被派往十六国之一的北凉。《北史·西域传》载有悦般国幻术师来北魏宫廷表演的情形：太武帝拓跋焘特别喜欢幻术。有一次，悦般国派幻术师来北魏宫廷进行幻术表演，声称能够割断他人喉管或斩断筋脉，敲击他人的头颅使骨头凹陷，都出血不止，多至一升，然后用草药放入他人之口，让他嚼烂咽下去，一会儿就止血了，创伤部只需疗养一个月后就愈合于常，且没有一点疤痕。太武帝看后目瞪口呆，又怀疑其中有诈，便用犯了死罪的囚犯让幻术师试用，都得以验灵。此后，北魏宫廷常有幻术表演，并不断吸引西域各地的幻术技人来京献艺，北魏帝王从中得到更大的享受和刺激。

隋朝统一后，宫廷幻术走向全盛。隋炀帝大业二年（606年），突厥可汗染干入朝。炀帝为了炫耀中华幻术，便将民间杂技幻术艺人云集东都洛阳，授以官职，在芳华苑之积翠池畔举行盛大规模的杂技幻术表演，炀帝由宫中美女陪侍，坐在高台上观看。其幻术节目甚多，首先是幻术师入场登台，幻术大作，一会儿便激水满街，水过之后，遍地都是鼋鼍龟鳖、美人鱼以及各种鱼类，又有巨大的鲸鱼张口喷雾，连日不绝，并又化为黄龙，长达七八丈，耸涌而出。传统幻术场面宏大，出现大鲸鱼和各种"水人虫鱼，遍覆于地"，这就是隋代幻术节目之一的"黄龙变"。黄龙变演完后，又将一根缆绳系于两根木柱上，两柱相距十丈，两名舞女在绳上相对而舞，窈窕的身材，翩翩的舞姿，吸引许多观众，当她们在绳中相遇，擦肩而过时，仍歌舞不断，这就

第二章　源远流长的百戏杂艺

是"走绳"杂技。此后又是戴竿,"并二人戴竿,其上有舞,忽然腾透而换易之"。双竿上的演员对跳而互换位置,这一惊险的动作是在悬空头顶的情况下进行的。最后有"神龟负八卦出河授伏羲""黄龙负图""神鳌负山"以及"幻人吹火"等节目,千变万化,旷古莫俦,使得"染干大骇"。炀帝的夸耀骄矜之心得到极大满足,自此形成定例。据《隋书·音乐志》记载:"自是皆于太常教习,每岁正月,万国来朝,留至十五日。于端门外,建国门内,绵亘八里,列为戏场。百官起棚夹路,从昏达旦,以纵观之,至晦而罢。伎人皆衣锦绣缯彩,其歌舞者,多为妇人服,鸣环佩,饰以毛毦者,殆三万人。"以致国库的锦绣缯彩全部用光了。每当正月,炀帝都要驾临现场,一饱眼福。

唐代的幻术,承接传统之节目,仍为"鱼龙曼衍"和"吞刀、吐火"。张楚金在《透檀童儿赋》中赞扬小儿竿技而贬低其余杂技时,侧面写出了当时宫廷的"鱼龙"表演:"于是时也,解雀散鸟,逃龙走鱼,跳剑臂折,咒刀口咭,一场之内,独雄雄如……"可见唐代帝王在洛阳天津桥畔五凤楼前举行"大酺"时,"鱼龙"仍作为主要节目。幻术中的"吞刀"、"吐火"节目见于《乐府杂录》,王粲的《吞刀吐火赋》中有形象的描写。《信西古乐图》长卷中有"饮刀子舞"和"吐火"两图。吐火的演员浓眉短须,右手张开,左手叉腰作势,口吐长长的一道火焰;吞刀的样式则与一般不同,舞者扬起头,两手向上摆开,挺胸屈背,刀子分为六段入口。技艺卓然,画面栩栩如生。

唐蒋防《幻戏志》中说:"(马自然)乃于席上以瓦器盛土种瓜,须臾引蔓生花,结实取食,众宾皆称香美异于常瓜。"可见"种瓜"也已遍及各厅堂演出之中。

纯手法幻术出现于唐代。名为马自然的幻术师于遍身及袜上摸钱,所出钱不知多少,将这些钱投入井中,呼之一一飞出。钱的变化,乃是后来手法幻术之一大门类。

国外引进的幻术以酷刑为主。如天竺的"自断手足"、"刳剔肠胃"、"卧剑上舞"等所谓"婆罗门使"。这些外来幻术中,"新罗乐、入壶舞"即"缸遁"是个崭新节目。又如"入马腹舞"见于《信西古乐图》长卷中,一匹高头大马,一人从马后钻入马腹,仅剩有下半身露在外面,而从马口里,已经有一个人钻出来,露着半个上身。图中人和马的比例并不相称,马显得特别巨大。这个节目可能是后代"分身术"的雏形。

宗教家如叶法善、张果、罗公远等有搬运术、隐身术等，在唐代屡有传闻。又韩湘的"葫芦取酒"、"茶碗生莲"等也为我国幻术家所通用。

如此变幻莫测的幻术节目，深深地吸引了至尊帝王。贞观二十年（公元646年），西方有五位婆罗门来到长安，擅长幻术，唐太宗李世民便不失时机地让他们表演了断舌、抽肠、走绳、续断等精彩幻术节目。唐高宗李治性格庸弱，既想观赏幻术，又怕其中的惊险动作。有一次天竺艺人入长安献技，表演自断手足、刳剔肠胃等节目。高宗惊吓过度，"恶其惊俗"，从此"诏令不入中国"（《新唐书·礼乐志》）。高宗虽不敢看幻术，但他的性格刚强的皇后武则天却很欢迎这种富有刺激的节目。唐睿宗曾在宫中观看一位来自西域婆罗门国的艺人表演，仰卧在尖利的刀锋上，神情自若地吹着笙篥，一曲终了，身上却无半点损伤。唐玄宗李隆基对幻术、杂技、马戏的嗜爱是唐朝帝王中空前绝后的，竟在宫廷表演群马合舞。中唐以后的帝王玩起幻术杂技节目更是无所顾忌，连国家祭祀大典等庄重场合，都要表演幻术等娱乐性节目。

五代十国中，西蜀是战祸较少的避乱之地，其地之百戏，亦较发达。幻术性极强的机关布景戏就是从蜀地百戏中出现的新事物。后蜀主王衍在成都接待庄宗的入蜀使臣李严，夸陈盛况，表演"蓬莱采莲舞"。在宫中表演时，为了表现蓬莱仙境，地衣上装饰水纹，用机械鼓动于下，使地面现出波浪翻腾的景象，所费人力物力十分庞大，《儒林公议》中曾有记载："王建子偕嗣于蜀，侈荡无节。庭为山楼，以彩为之，作蓬莱山。画绿罗，为水纹地衣。其间作水兽菱荷之类，作折红莲之队。盛集锻者，于山内鼓橐；以长籥我引于地衣下，吹其水纹，鼓荡若波涛之起伏。以杂彩为二舟，辘轳转动，自山门洞中出，载妓女二百廿人，发棹行舟，周游于地衣之上。采所扳莲，列阶前。出舟致辞，长歌复入，周旋山洞。"其境甚丽，蓬莱仙阁，灿然可见。

延及宋代，由于科学的进步，促使以科学为基础的幻术也得以有新的发展。磁铁、瓷器、火药的出现，为幻术创作提供了新的条件。手法幻术、藏挟幻术、撮弄幻术等得到了长足的发展而自成体系。许多艺人发挥特长，专攻一类节目，并在技法上精益求精，变化多端，使传统幻术从技法到品种都达到了新的高度。

手法幻术取得了突破性发展，"泥丸""头钱""变钱儿""绵色儿"等自

第二章 源远流长的百戏杂艺

成套路的手技节目相继出现。中国幻术历来重视手法技巧的提炼,但宋以前所出现的"吞刀""吐火"之类节目,手法仅用于掩护机关过门而已。宋代出现的一些手法幻术,往往不需要特别的机关过门,仅凭艺人灵巧的双手掩饰,使物件来去无踪。中国著名的典型手法幻术"仙人栽豆"就产生于宋代,那时称之为"泥丸"。《东京梦华录》曾记载正月十五元宵时节,开封府著名艺人小健儿专演"吐五色水"和"旋烧泥丸子",献技于宫廷。其基本表演形式是:桌上反扣着两只小瓷碗和五个红豆或泥丸,在艺人巧妙的翻碗与扣碗之间,红豆随心所欲地变来或遁去;高明的艺人招数极多,从"一粒下种""双凤贯耳""三星归洞"直至五粒、十粒的"珠还合浦",最后变来满碗红豆的"秋收万颗子",千变万化,全凭十指和手掌肌肉的控制,表演层次丰富,使人百思不解、百看不厌。这个节目至清代传播域外,引起西方魔术师们的注意,日本称之为"茶碗与玉",西欧称为"杯与球术"。

　　小幻术自成一行,宋时称为"撮弄"。"撮"指取物,或撮取之意。将"撮"与"弄"两字联用,是从宋代开始的。其节目有"撮米酒""撮放生"等,是指空碗里变来米酒,空手中变出寿桃之类。而这类节目依靠道具机关的灵巧和表演者以假作真的表演。达到巧妙的变化效果。

　　搬运幻术也有所发展,那时称为"藏撅",或称"藏挟"。《宋史·乐书》中解释:"藏挟,幻人之术,盖取物象以怀之,使观者不能见其机也。"这类节目发展到后来,便是"堂彩",也称为搬运幻术,今俗称"古彩戏法",在卧单的遮盖下,变出酒菜、玩具、水碗、火盆、动物等比较大的物品。表演这种节目不仅要手疾眼快,还要有一定的负重能力。因为在出现前这些大件要不露声色地藏挟在身上。其火不烧身,水不湿衣,携带须相当巧妙。

　　传统幻术中最为典型的是"七圣法",《繁胜录》记载其方法与内容,即:"切人头下,卖符、少间依依接上。"此节目流传甚广,近代称为"大卸八块"或曰"大腥"。

　　宋代也出现过一些大型魔术如"藏人""壁上睡"等,类似近代所流行的"空中悬人"。南宋宫廷舞队中出现的"穿心国人贡",至今舞台上仍时有演出,且被人们认为是近百年从外国引进的"舶来品"。其实它是南宋时幻术师根据《山海经》中穿胸国的题材创作的节目,其表演形式是用棍棒横穿透过人体。表演形式是由两位助演举起棍棒两头,抬起穿透的人来参加舞队游

行,观众可从四面观看。

清代将幻术用于戏曲舞台,大量设置机关布景。清代帝王在宫廷戏中对此特别讲究,如慈禧太后的颐和园戏台为了适应设置幻景,戏台特意造成三层,上层表现神仙境界,中层为人间,下层为地狱;当时演出的神话剧如"劝善金科"(即"目连救母")、"升平宝筏"(即"西游记"),往往组成连台本戏,每天演一本二十四出,出现仙人时,演员便乘彩云装饰的竹篮冉冉而上,鬼怪出场时人便从地道口升入中间,与幻术的遁入方法十分相似。而表演"西游记"等戏,有时上下场达几千人之多,安排这些天兵神将的出没。只有用巧妙的幻术方法加以处理。适当地运用幻术技巧,会增强神话剧的艺术效果。慈禧太后从中得到无限的快感和享受,此后,幻术便成为戏剧的附庸,失去了其原来的独立性。

沐猴而冠的猴戏

因为猴性特别聪明、狡狯,自古来猴戏极受欢迎,也尤为发达。

在中国,人工养猴有悠久的历史。《庄子·齐物论》中的"朝三暮四",《史记·项羽本纪》中的"沐猴而冠",说明从战国中至秦汉间,人工养猴已不鲜见。战国时中山国(公元前500至前300年间存在于今河北省一带)的出土文物中,有一座树形烛台,树枝上有八只小猴,树下有两个少年向小猴投饵。

令人惊讶的是,中山国人所饲养的不是当地常见的猴子,而从遥远的南方运来的猕猴,这在当时是要花费巨大的代价的。

早在汉代的百戏中,已有猴类的表演。东汉张衡《西京赋》中有"猿狖超而高援"的句子,大概是指猴子爬竿之戏。至晋代,猴能作拟人表演。阮籍《猕猴赋》说"整衣冠而伟服""举头吻而作态",傅玄《猿猴赋》说"戴以赤

倒吊的猕猴

帻,袜以朱巾,先装其面,又丹其唇",都是对当时猴戏的描摹。晋代又有《猿骑戏》,是以人扮猴表演骑术,那么由真猴表演的骑术似应更早。南北朝时的猴戏,仍以爬竿为主,《通典》卷一四六所谓:"梁有猕猴幢伎,今有缘竿技,又有猕猴缘竿技。"隋人薛道衡《和许给事善心戏场转韵》诗云:"麋鹿下腾倚,猴猨或蹲跂。"写的就是隋代猴戏。

唐代的猴戏,较前代又有新的发展。任二北《唐戏弄》第二章专列《猴戏》一节,对此考辨甚详。他认为猴戏分为百戏和戏剧两类:"于《唐戏弄》内,列猴戏一目,所指乃确系戏剧一型,演故事,有科白,而能感人者,并非百戏中之猕猴缘竿,或猿骑,或戴假面之猴戏也。"唐代的猴戏,社会地位甚高。宋人叶梦得《避暑录话》卷三说:"唐故事,学士礼上,例弄猕猴戏,不知何意。"任二北认为,这种"猕猴戏"与其说是一种百戏,不如说是一种"戏剧之参军嘲讽"。唐、宋两代,在皇室盛典上均用猴戏。

宋人江休复《江邻几杂志》所载,与此大致相同:"猴部头,狷父也。衣以绯优服,常在昭宗侧。梁祖受禅,张御筵,引至坐侧,视梁祖,忽奔走号掷,褫其冠服。全忠怒,叱令杀之。唐之旧臣,无不愧怍!"唐末朱温取代李唐建立梁朝,昭宗的猴子却表现出忠于旧主人的气节。正是这一点,在封建社会里,这只猴子一直受到颂扬。但是,唐昭宗却不是一个什么有多大作为的皇帝。他名叫李晔,曾因酒醉被宦官囚禁,复位后再次被宦官劫持,最后为朱全忠所杀。

宋代的猴戏,仍在百戏范围之内。北宋张师正《倦游杂录》说:"京师优人以杂物布地,遣沐猴认之,即曰:'着也马留'。"这是让猴在杂物中寻找东西。南宋孟元老《东京梦华录》卷六"元宵"条,说当时的杂技中"更有猴呈百戏,鱼跳刀门,使唤蜂蝶,追呼蝼蚁",但未详"猴呈百戏"的具体情状。西湖老人《繁胜录》述路歧人作场诸技中,有"鱼跳刀门,乌龟踢弄,金翅覆射,斗叶胡狲,老鸦下棋,蜡嘴舞斋郎"等,《斗叶胡狲》当是让猴子模仿人斗纸牌。

宝应象戏

北周武帝所创的"象戏",到唐代仍处在演变过程中。虽然《旧唐书·吕

唐代象戏棋子

才传》说："太宗尝览周武帝所撰之局《象经》，不晓其旨。"但是象戏并非已经失传，在有关文献中还可见到一些唐代象戏的情况。

唐代牛僧儒撰写有一部著名的传奇小说集《玄怪录》，其中有两篇故事涉及象戏，其事虽怪异无稽，但却是现存唯一能考证唐代象戏形制的珍贵文献。《玄怪录·岑顺》篇中讲：唐宝应元年（762年），汝南人岑顺旅居陕州吕氏凶宅，夜深闻鼓鼙之声，数夜都是如此。一夜，他梦见鼠穴化为城门，战鼓齐鸣，旌旗万数，两支军队在激烈厮杀。"天马斜飞度三止，上将横行系四方，辎车直入无回翔，六甲次第不乖行。"其中一方军师命令"各有一步卒横行一尺"，结果一方大败奔溃。后来掘地发现一座古墓，"前有金床戏局，列马满枰，皆金铜成形。其干戈之事备矣。乃悟军师之词，乃象戏行马之势也。"

这是一篇有关唐代象戏的传说故事，因故事中有"时宝应元年也"的话，所以人们习惯称唐代象戏为"宝应象戏"。从《岑顺》传奇中，我们可以窥见唐代象戏的一些基本情况。唐代象戏的棋盘是金属的，棋子为立体象形，起码包含有马、车、将、卒四种，已与周武帝所创"象戏"不同，具备现代象棋的雏形。棋子的布阵采用两军对垒式，开局方式是先进马，再进卒，后进车，这与今之国际象棋的开局相似。"天马斜飞度三止"，与今日象棋的马走法相同："将"则可以前后左右四方应敌，"车"直行前进，"卒"只能一步步前进。这表明宝应象戏与现代象棋的下法有相似之处。

《玄怪录》中，还有一篇《巴邛人》，讲述了另一个神奇美妙的故事。大意说，有个巴邛（即巴郡、邛州，今在四川）人，家有桔园，因霜后桔子已收，只余下两个大桔，摘下剖开一看，"每桔有二老叟，鬓眉皤然，肌体红润，皆相对象戏。"这个故事的起源十分久远，"巴人相传云：百五十年来如此，似在陈隋之间，但不知指的年号耳。"这个故事为后人津津乐道，并因此称象棋为桔中戏。明代的著名象棋谱《桔中秘》、《桔中乐》等书名就来源于此。

除《玄怪录》外，有关唐代象戏的材料实在不多。诗人白居易的《和春深二十首》诗中，讲到当时的"博弈家"设置的各种游艺项目，其中就有"象戏"。今人王端编集的《古锦图案集》收有一幅宋代织制的琴棋书画锦，令人感到兴奋的是，锦上"棋"的图案是一种黑白相间、纵横各为八道的象棋盘，与现代的国际象棋盘一模一样。从中国象棋发展史上看，这种八八象棋是最为古老的，主要流行于隋、唐时期。所以，古锦八八象棋盘为我们提供了唯一了解唐代象戏的形象资料，同时，也说明中国象棋对国际象棋的形成产生过一定影响。

第二节 斗赛游艺

 **斗牛**

斗牛是一种惊心动魄的游戏，中国的斗牛游艺约从秦朝开始，至今已有2000多年了。

在我国古代文献中，斗牛游艺最早是和神话传说相关联的。宋代李昉《太平广记》卷二百九十一引《成都记》说："李冰为蜀郡守，有蛟岁暴，漂垫相望，冰乃入水戮蛟。已为牛形，江神龙跃，冰不胜。及出，选卒之勇者数百，持强弓大箭，约曰：'吾前者为牛，今江神必亦为牛矣，我以太白练自束以辨，汝当杀其无记者。'遂吼呼而入，须臾雷风大起，天地一色。稍定，有二牛斗于上。公练甚长白，武士乃齐射其神，遂毙。从此蜀人不复为水所

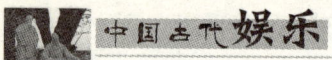

ZHONG GUO GU DAI YU LE

动人心魄的斗牛游戏

病……故春冬设有斗牛之戏。"李冰化牛与江神斗显然是后世附会的神话传说,但我们从这则神话传说中可知,斗牛游艺已有相当久远的历史了。

  根据考古资料的显示,早在原始社会后期,我们的先民就已经开始了牛的驯化和饲养。后来随着原始农业的发展,出现了牛耕,先民们对牛就更重视了。为了选择健壮的公牛(古文献中的"特牛")繁衍后代,便可能采取斗牛的方式来优中选优。如这一推论符合事实,斗牛游艺活动当在原始社会后期就已经出现了。根据有关专家的考证,周代以前民间交配牛马之时为春秋两季。那么据此推论,当时举行斗牛以选择健壮公牛之举应在冬末春初和夏季至初秋。这一段时间正是我国后世各族开展斗牛游艺活动之时。

  古代先民为选择健壮的公牛来繁衍后代的斗牛活动,随着社会的发展,逐渐发展演变成为一种斗赛游艺活动。它以不同的形式流行在我国许多民族中,深受人们的喜爱。古代斗牛游戏分为两类,一为人与牛斗,一为牛与牛斗,两种斗牛都可以从出土文物中得到验证。

  在汉代画像石中,人与牛斗是常见的题材,现存于南阳汉画馆的一块画

第二章 源远流长的百戏杂艺

像石上,有一幅象人斗牛图,画中一人赤裸上身,头戴假面,作下蹲状,左手执物力斗一牛。牛惊恐回视,狂奔而逃。斗牛者头戴假面斗牛,显然已糅表演于其中了。这种象人斗牛游艺,在汉代画像石中较为常见。也有不戴假面的人与牛斗,这样的内容就更常见些。1996年,出土于云南晋宁石寨山的一件双人斗牛鎏金扣饰,反映的就是双人与牛相斗的形象。

斗牛游艺可以锻炼人的勇敢无畏,机敏果断,又能增强体魄,因而一度作为兵家练兵的形式与内容。据说三国时,诸葛亮曾在将士中开展斗牛活动,以游戏方式达到练兵目的。今天,人与牛斗的游戏仍在某些少数民族中流传。

另一种是牛与牛斗。现存于云南省博物馆的一幅明人绘制的《斗牛图》,就较为形象地描绘了当时牛与牛斗这一游艺活动的盛况。图中描绘的是男女老幼60余人在平坦的山坡上举行斗牛歌舞活动的盛况,在人们载歌载舞之中,两牛正在角斗,难解难分,围观的人们呐喊助威。从人物的服饰看,应是古代苗族人为庆丰收而进行的斗牛游艺活动。这类斗牛游戏在古代一直延续着,明末清初浙江金华一带俗好斗牛且最负盛名。清初顺治年间,谈迁著《北游录》谈到此事时说:"金华近例,正月,乡人买健牛,各赴场相角决胜负。至群殴,不能禁。"金华一带斗牛的特点是斗牛活动隆重而且时间长。其斗牛活动从每年插秧结束后的"开角"(系一年中第一次斗牛活动的俗称)始,一直要持续到第二年春耕前的"封角"(指一年中最后一次斗牛活动)止,除了农事大忙期间稍有间断外,几乎是一月一大斗,半月一小斗。斗牛时,乡里之人纷纷前往观看,盛况空前。清代人陈其元在《庸闲斋笔记·婺州斗牛俗》中有关金华一带的斗牛是这样记载的:,"每逢春秋佳日,乡氓祈报祭赛之时,辄有斗牛之会……此日(指当地举行斗牛游戏活动的日子)至之时,国中千万人往矣。"文字虽简,但斗牛盛况仍可得知。

金华一带斗牛游艺大多选择在约四五亩地大小的开阔场地,场地四周打上木桩,用绳索加以围栏。许多条件好的斗牛场地四周常常搭有看台,放着椅凳一类的坐具,以招待四乡亲朋们。到了斗牛的日子,附近邻县的乡民们便赶着前来观看,此时,做各种买卖的小贩、摊户也都赶来做生意,杂耍班和戏班也常常赶来演出。这时候的斗牛赛场周围人山人海,煞是热闹。每次开斗,少则四五十对,多则百余对。斗牛多选黄牡牛,其性凶猛,体健壮,腿粗毛光,角粗而短,平日有专人护理饲养。上等斗牛不承担犁耕之役,其

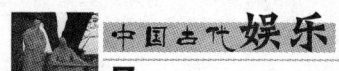

饲料优于耕牛。待到临角斗前夕，牛主人也赏以陈年老酒等以激发牛劲。

在古代中国，许多历史悠久的文化，不仅在汉人地区，即使在边远的少数民族地区也被珍贵地保留着，斗牛游艺就是这样，它作为一种传统的游艺形式，直到今天还在许多地区盛行着。

斗牛游艺场景再现

斗牛游艺开始时，火铳铜锣齐鸣，各村参赛的斗牛头簪金花，身披红绸和白绫，由四个身着彩衣、头扎汗巾、腰系彩带的壮汉拥呼入场。四个壮汉手中都执有写着斗牛名字的绸旗。斗牛的名字多根据牛的特点而起，如"乌龙""下山虎""老黄忠"等，别有一番情趣。斗牛汇集后，由拈阄决定次序。在震耳的鞭炮声中，先赛的斗牛（牛少时，每对依次入场相斗；牛多时则数对同时入场开斗）由护牛壮汉送到赛场中央，使其互相对视。过了一会儿，牛的斗性发作，蠢蠢欲动，护牛壮汉便走开，让两牛角斗。此时，斗牛低头翘尾，四角交叉，来回冲撞。斗到三四回合时，鞭炮鸣放，由护牛壮汉入场将斗牛分开，稍事休息，然后再令其相斗。数次之后，斗牛皆两眼圆睁发红，斗性大发，越斗越紧张惊险。斗牛赛场四周的乡民们不约而同地呐喊助威，此时斗牛仗人威势，越发勇猛，奋力角逐。勇者横冲直撞，所向无敌，弱者则节节败退，东躲西窜。此时胜负已定，参赛的斗牛分别被各自的主人牵出场外。获胜一方的主人及其亲友簇拥斗牛胜利凯旋，设宴庆贺。

第二章 源远流长的百戏杂艺

斗虎

中国原来是个多虎的国家。《山海经》中记述"多虎""有虎"的山,约有十余处。虎的凶猛,既使人感到畏惧而"谈虎色变",又让人心向往之以至于"狐假虎威"。据考,在传说中的黄帝时代,虎和其他猛兽一样,成为某一集团、部族的图腾。如《列子·黄帝篇》中有这样的描述:"黄帝与炎帝战于阪泉之野,帅熊、罴、狼、豹、貙虎为前驱,以雕、鹖、鹰、鸢为旗帜。"这里说的,就是黄帝联合以这些走兽飞禽为图腾的部族进行征战的情况。

当虎成了一种图腾的时候,人就对它有了几分亲近感。于是在民间,人化为虎的故事几乎不断地产生和流传。《淮南子》里说:"昔公牛哀转病也,七日化为虎。"这是较早的人化为虎故事。后来,在《博物志》《齐谐记》《述异记》《广异记》以至《聊斋志异》等书中,都谈到过人化为虎的故事。虎虽然依旧是凶猛的兽中之王,但它和人之间多了一些交往。

人把虎豢养起来,并加以调教,这在《庄子·内篇·人间世》中已有记载:"汝不知养虎者乎?不敢以生物与之,为其杀之之怒也;不敢以全物与之,为其决之之怒也。时其饥饱,达其怒心。虎之与人异类,而媚养己者,顺也;故其杀者,逆也。"这段话的意思是:你不知道那些养虎的人吗?他们从不把活生生的动物给它吃,因为他们懂得虎扑杀动物时产生的兽性。他们也从不把整个的动物给它吃,因为他们懂得虎撕裂动物时产生的兽性。养虎的人总是仔细观察虎的饥饱,及时疏导虎的习性。虎与人不是同类,而虎却驯服于养它的人,是因为养虎的人能顺其天性来调教它。因此,虎有时伤人,完全是由于人触犯了虎的天性的缘故。从庄子的话看来,那时人们对于虎的驯养,已经积累了丰富的经验。

凶猛的老虎

用虎来取乐的历史可能很早。相传残暴的夏桀在宫中养了许多女乐,有一天，他突发奇想，当女乐们毫无防备时，忽然将栏中老虎放出，桀就观赏女乐们的惊骇之态以取乐。中国的历代皇族中都有与虎有关的游艺活动。汉代的上林苑，实际上是皇家的动物园和斗兽场。在这里，禽兽被分门别类地设圈饲养，其中就有"虎圈""彘圈"等等。兽圈之上建有楼阁，以便观赏。《汉书》卷九十七（下）有《孝元冯昭仪传》，说到汉元帝观看斗兽的事："建昭（前38—前34年）中，上幸虎圈斗兽，后宫皆坐。"指的就是在虎圈的楼阁上观赏斗兽。

汉代有一出非常流行的百戏，叫《东海黄公》，其内容表现的就是一个叫黄公的人同虎相斗的故事，这应当是当时的虎戏在舞台上的折射。而据《水经·谷水注》载，魏明帝曾经"使力士袒裼"与虎相搏，"虎乘间攀栏而吼，其声震地，观者无不辟易颠扑"。亦可想见当年虎戏的惊险与激烈。

从考古所获图像资料与文献记载来看，汉代的虎戏可以分为人与虎相斗和虎与虎相斗两种。河南南阳、山东济宁、四川汉阙都发现过人虎相斗（或相戏）的画像。相传为四川汉阙上的一幅斗虎图，画像中一力士正徒手与虎相搏，虎竖尾咆哮而来，力士握拳相向。虎的矫健，人的剽悍，刻画得栩栩如生。而现存于故宫博物院的一件肖形印上，更有一幅被刻画得较为形象的斗虎图。这些都是对汉代虎戏活动的真实反映。

中国历史上还出现了许多以伏虎闻名的传奇人物，冯妇搏虎、李广射虎、武松打虎等都是千古美谈。而曹操的儿子曹彰，也是这样一个人物。《三国志·魏书》曾称曹彰"少善射御，臂力过人，手格猛兽，不避险阻"。看来这并非夸张之谈，因为他真的伏过虎。题为晋人王嘉所撰的《拾遗记》卷七写道："任城王（曹）彰，武帝之子也，少而刚毅……善左右射，学击剑，百步中髭发。时乐浪献虎，文如锦斑，以铁为槛。枭殿之徒，莫敢轻视。彰曳虎尾以绕臂，虎弭耳无声。莫不服其神勇。"曹彰曾封为"任城王"，他与虎格斗，是一种在众人面前的表演，因此众人才"莫不服其神勇"。

清人还多以斗虎谱为诗词，曹寅《栋亭集》中既有《圈虎》诗，又有《西平乐·圈虎》词。徐珂《清稗类钞》中有"黄仲则观虎戏"条，说："以虎为戏，乾隆时已有之，不仅西人有此技也。黄仲则尝观之，而作诗曰《圈虎行》。"所谓"圈虎"，也即笼中之虎，是指表演给人看的虎。这些遗留的诗句都反映出直到明清时期，斗虎还是一项较具特色的斗赛游艺形式。

第二章 源远流长的百戏杂艺

 斗狗

狗是人类最早和最忠实的朋友。狗能帮助人守家、打猎，甚至破案。除此之外，狗还有特殊的表演才能，这就是狗游艺，也就是古代斗赛游艺中的斗狗。

晋人干宝在其《搜神记》卷七中曾有这样的记载："永嘉五年（311年），吴郡嘉兴张林家，有狗忽作人言云：'天下人俱饿死。'于是果有二胡之乱，天下饥荒焉。"这一记载有着浓厚"谶语"式的迷信色彩，但也提出了这样一个问题：古代中国人曾尝试过驯狗"说话"这样的斗狗游艺。

唐人张鷟《朝野佥载》卷六说："一乌犬解人语，应口所作，与人无殊。"所言未免荒诞，但向我们透露出这样一个信息，古人当有斗狗"说话"之举。

清人沈起凤《谐铎》卷六有《识字犬》一篇，其中记载了他自己的一段经历，说他"孩时畜一小犬，名进宝。继入书塾，必提抱与俱。偶置案头，见予读书，辄注目凝想，若有所得。予奇之，戏书'进宝不许入塾'六字，粘诸座隅。犬审视良久，垂首丧气而出，三五日不敢入塾"。又说："犬自识字后，颇敦品格，食必择器，寝必择地。偶出游街市，夷然不屑与凡犬伍。残羹剩炙，蹴而与之，怒目不顾去。里中周孝廉闻而异之，配以牝犬，终岁不与同食宿。"此文颇似寓言，若有所指，不过犬能"识字"，在清代尚有他书记载。

徐珂《清稗类钞·戏剧类》中，就有"犬能读书"一条，说："光绪时，台州人某畜一犬，能读书。初教以人语，渐能了解，乃授以书，始亦甚艰苦，阅十余年，诲之弗倦，自琅琅上口矣。于是携之四方，令献技为活。犬居于笼，至演技时则出。犬乃拜手者再，如拱鼠然。已而启笥，取《礼记》一册，读《檀弓篇》，能不爽一字。既又取《周易》出，读《系辞传》，亦甚熟。读毕，仍入笼。某饲以面包，食已即睡。有人尝亲见之，谓此犬为黑色，为状殊不异常犬。其读书声极嘹亮，惟发音时，稍强硬，不能如人语之便捷。然《檀弓篇》与《系辞传》皆聱牙诘屈，不易上口，而此犬竟能成诵也。"此文又见《古今怪异集成》中编卷下《戏剧类》。值得注意的是，文中的犬不但

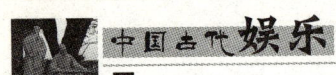

能识字，会读书，而且犬的主人是"携之四方，令献技为活"的，也即是说，这是一种真正的"斗狗戏"。当然，作为斗狗游艺节目之一的"犬能读书"，确是一种罕见的动物表演项目，通常来说，"犬不识字"似乎是天经地义的。清人平步青《霞外捃屑》卷二有"犬不识字"条，就搜罗了好些材料，来说明犬一般是"不识字"的。

狗之所以能表演，是因为狗本身是一种十分聪明的动物。南朝梁人任昉《述异记》载，陆机在洛阳做官时，有犬名"黄耳"，陆机曾让黄耳为他传递家书。黄庭坚《次韵寅庵四首》诗云："白云行处应垂泪，黄犬归时早寄书"即用此典。又宋人王辟之《渑水燕谈录》卷九载，有孙氏困于围城中，家中养的狗能从水道出入，从城外负米入城，城被围数月，而孙家几十口人赖此以活命。为纪念这些聪明的狗，陆机在狗死后为之造墓，称"黄耳冢"；孙家在狗死后为之树碑，称"灵犬志"。

关于斗狗游艺，王士禛在《池北偶谈》卷二十三"波斯犬"条中还有这样的描述："尝于慈仁寺市见一波斯犬，高不盈足，毛质如紫貂，耸耳尖喙短胫，以哆啰呢覆其背，云通晓百戏，索价至五十金。亦宋太宗桃花犬之属也。"

李声振《百戏竹枝词》中《哈巴狗》诗序说："哈巴狗，狗之小者也，教其拱双蹄作拜状，或鸣鸣如唱，或设圈十余，令其往来循行，名狗钻圈"。

从上面这类清代资料的描述看，斗狗游艺流行了相当长的时间，至清代还十分盛行。

斗鸡

斗鸡是人们利用公鸡好斗的性格，挑唆其互相争斗，借以取乐的一种游艺。斗鸡游艺在我国古代曾盛行一时，成为上至帝王、下至平民，无不喜爱的一种娱乐活动。直至今日，斗鸡之举仍在我国广大地区流行。

在古代中国，早在西周时就有了斗鸡活动。《列子》就载有纪渻子为周宣王养斗鸡的事。到春秋战国时，斗鸡游戏开始流行。《战国策·齐策》载：齐都临淄人"无不吹竽鼓瑟、击筑弹琴、斗鸡走犬……"说明这时的斗鸡已成为民间一项重要的娱乐活动。汉代以后，由于统治者的鼓励倡导，斗鸡之风

第二章　源远流长的百戏杂艺

愈烈，汉高祖刘邦之父便是其中一个。相传，汉高祖当上"太上皇"，从乡下徙居长安后，抑郁寡欢，据他自己说，是因为他"平生所好，皆屠贩少年，酿酒卖饼，斗鸡蹴鞠，以此为乐。今皆无此，故以不乐"。汉高祖为了博得他的欢心，便"作新丰，移诸故人实之"。这些故人便包括斗鸡徒。汉宣帝也有斗鸡的嗜好，汉王室许多成员和一般世家子弟也都醉心于斗鸡走狗、弋猎博戏。《史记·货殖列传》说："博戏驰逐，斗鸡走狗，作色相矜，必争胜者，重失负也。"这说明争强斗胜是刺激斗鸡成风的主要原因之一。《汉书爰盎传》载："汉初，盎为官，曾病免家居，与闾里浮湛相随行，斗鸡走狗。"河南郑州曾出土一块《斗鸡》画像砖，画像中间，有两只雄鸡在交颈相斗，似正处难分难解之际。两边各有一戴高冠、着长服之人，在指挥各自的雄鸡向对方进攻。在故宫博物院收藏的一件汉代肖形印上，也有一对公鸡正在相斗的纹面，说明当时斗鸡之风是较为盛行的。《汉书·张汤传》有记载：宣帝幼时，曾受张贺教养，后宣帝继位报答张贺之恩，亲自为之"处置其里，居家西斗鸡翁舍南，上少时所尝游处也"，又载张放"常从（宣帝）为微行出游……斗鸡走马长安中，积数年。"可见，斗鸡之戏，不仅流行于地主豪门之间和乡里巷间，且为皇帝宗室所喜好。

汉代以后，斗鸡的文字记述、诗词歌咏，不绝于书。宋人郭茂倩编著的《乐府诗集》引曹植《斗鸡篇》，前有小序云："《邺都故事》曰：'魏明帝大和中，筑斗鸡台。赵王石虎亦以芥羽漆砂，斗鸡于此。'故曹植诗云：'斗鸡东郊道，走马长楸间。'是也。"曹植《斗鸡篇》记贵族们"游目极妙伎，清听厌宫商"。百无聊赖中，有人再进游戏之法"长筵坐戏客，斗鸡观闲房"。尔后，梁简文帝、刘孝威、宗懔、后周的王褒等，都有斗鸡的诗文或杂记。

到了唐代，斗鸡之风较前代更盛。唐玄宗、唐文宗、唐穆宗等帝王皆酷爱斗鸡之戏。上有所好，下必从焉。一些王公贵戚甚至闹到"倾帑破产市鸡"的地步，都中民众也纷纷以斗鸡为时髦之举，贫穷者无钱买斗鸡，便玩木鸡自娱。唐玄宗曾下令建造专门饲养斗鸡的"鸡坊"，搜集长安城中的雄鸡千余只，挑选六军小儿500人驯养。于是，一些以斗鸡为

斗鸡

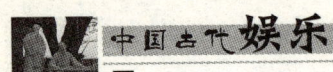

业并因此走红的人物应运而生。据《东城老父传》所言，本是贫苦儿童的贾昌，因善于驯养斗鸡，深受唐玄宗喜爱，被封为"五百小儿长"，时人称之为"神鸡童"。故当时有"生儿不用识文字，斗鸡走马胜读书"之说。由此可见，当时斗鸡之风的盛行。

唐代朝野疯狂的斗鸡游戏，影响了一批又一批遣唐的日本僧人、留唐生及外交使官。中国的斗鸡游戏就在这个时候随同上述日本人东渡扶桑，并很快在日本宫廷盛行起来。日本平安期（794—1192年）成书的《荣华物语》有对宫中斗鸡的描绘，反映了斗鸡传入日本后在宫中游戏的状况。尔后，斗鸡游戏流入民间，在民众中大盛起来。在许多传世的日本传统浮世绘中，斗鸡是较为常见的题材。

斗鸡之风到了明代仍然很盛。《涌幢小品》中有这样的记载："博鸡者……不事产业，日抱鸡，呼少年博市中。"明代臧懋循《咏寒食斗鸡诗》云：

寒食东郊散晓晴，笼鸡竞出斗纵横。
飘花照日冠相映，细草寒风翼共轻。
各自争能判百战，还谁顾敌定先鸣。
归来验取黄金距，应笑周家养未成。

斗鸡之风的盛行，使明代出现了专门从事斗鸡的民间组织——斗鸡社。《陶庵梦忆》卷三："天启壬戌间好斗鸡，设斗鸡社于龙山下。"

清代，斗鸡游艺继续盛行，人们还培育出一种叫"九斤黄"的斗鸡。这种斗鸡体壮、力足、凶猛、耐斗，在斗鸡场上冠压群雄。清代人李声振在其《百戏竹枝词·斗鸡》中有诗云：

红冠空解斗千场，金距谁堪冠五坊？
怪道木鸡都不识，近人只爱九斤黄。

诗中充满了对这种优质斗鸡的赞誉与欣赏。清代民间斗鸡活动在全国许多地区皆能见到，由于各地风俗不同，举行斗鸡的时间和形式也不相同。在我国北方一些地区的斗鸡活动多在农历正月十五日前后举行。斗鸡时间约好后，参加斗鸡的鸡主各抱自己的鸡来到斗鸡场，由主持斗鸡的权威人士根据参赛鸡的强弱，撮合协议，代为配对，商订赌注，一切皆妥后，便放鸡在场内决斗。但见鸡毛振翼，破吻磨距，紧接着一场难分难解的争斗开始了。观斗鸡的人们纷纷呐喊助威，气氛极为紧张热烈。

第二章 源远流长的百戏杂艺

斗鸡之戏在我国流行了2000多年。在斗鸡过程中，人们找出了多种取胜的办法。一是选择良种鸡；二是训练培养斗鸡勇猛好斗的精神与慑服对手的气质；三是给鸡配上金属制作的假距（即"鸡爪"）。《左传》记载，鲁国的季氏曾"为之金距（给斗鸡装上金属制的爪子）"与郈氏之鸡决一雌雄。这种做法在唐代也颇盛行；四是将芥末子的粉末涂在鸡翅上。斗鸡时，有强烈辛辣味的芥粉扑撒出，使之刺激对方而借以取胜；五是将狸（狐狸）膏涂在鸡头上。因鸡最怕狐狸，故涂狸膏的鸡可以借此而制服对方，大获全胜。后周庾信《斗鸡诗》中"狸膏熏外敌，芥粉漫春场"句，即反映了芥粉与狸膏合用的情况。

古代的斗鸡游艺，大体说来有两种形式：一是群斗（即多只鸡同场斗赛），二是两鸡相搏斗。群斗在我国古代多见于宫廷内的斗鸡活动，民间罕见。而两鸡相搏斗的形式，则流行于民间斗鸡活动中。

斗鸡游艺无论在中国，还是外国，都曾用于赌博，斗鸡场上，随着雄鸡羽飞头烂，场下早已千金易主，甚至有为此倾家荡产的，因此中外都有禁止斗鸡的记载。我国的这类斗鸡游戏，随着清王朝的灭亡而逐渐消失了。

斗鹌鹑

鹌鹑，简称"鹑"，俗名"罗鹑"，《诗经·国风》中已有"鹑之奔奔"的句子。旧说鹑毛色黑，为鼠所化；鹑毛有斑，为黄鱼、虾蟆所化。这虽不足信，也表明先民很早就注意到这种其貌不扬但英勇善斗的鸟了。

唐代是我国游艺文化比较发达的时代。斗鹌鹑大约就是从那时开始兴盛起来的。《清稗类钞·赌博类》说："斗鹌鹑之戏，始于唐，西凉厩者进鹑于玄宗，能随金鼓节奏争斗，宫中人咸养之。"说明唐代宫中有斗鹌鹑的游艺，西凉进贡的鹌鹑能随音乐而角抵，堪称一绝。

后蜀花蕊夫人在《宫词》中，写道：

安排竹栅与笆篱，养得新生鹌鸽儿。

宣受内家专喂饲，花毛间看怎皆知。

在后蜀宫中，有专人饲养鹌鹑。鹌鹑的毛色一无可观，饲养它一定是为了使之相斗了。

鹌鹑

至迟到宋代，养斗鹌鹑已成为民间普遍流行的娱乐游艺项目。《都城纪胜》记云："有专为棚头，又谓之习闲，凡擎鹰、架鹞、调鹁鸽、养鹌鹑、斗鸡、赌博、落生之类。"《西湖老人繁胜录》记云："宽阔处踢球、放胡哮、斗鹌鹑、卖等身门神、金漆桃符板、钟馗财门。"此时养斗鹌鹑不仅是一项自娱的游戏，同时也成为百戏艺人借以谋生的一种技艺了。

宋元时期斗鹌鹑广泛流行于民间的一个旁证，是当时的曲艺家们根据斗鹌鹑的激烈场面，创作了名为《斗鹌鹑》的音乐曲牌。如果斗鹌鹑的技艺不高超、不精彩，怎么会激起艺术家的灵感呢？

明人也喜欢斗鹌鹑。明末吴三桂不但酷爱此戏，还让人把他斗鹌鹑的情景绘成图画。此画至清代犹存于世，并为内库收藏。何刚德《春明梦录》说："南薰殿茶库，所藏字画尤多可观……又有吴三桂斗鹌鹑小像，皆特色也。"何刚德又在《话梦集》卷上咏此像：

窄帽将军奕有神，闲携小卒玩鹌鹑。

风流毕竟输秋壑，斗蟋堂前拥美人。

诗中将吴三桂斗鹌鹑与贾似道斗蟋蟀相比，颇堪玩味。

清代是斗鹌鹑游戏大发展的时期，上自王公大臣，下至市井小民，甚至儿童，都喜好养斗。稗官野史对于斗鹌鹑参加者的记述和描写，大都选择最典型的例证，不是倾家，就是荡产，起码也是荒废学业，从而为斗鹌鹑游戏蒙上了一层淡淡的阴影，似乎凡有此好者，必定是胸无大志之徒、无所事事之辈。其实未必，人各有所好，不能强求一致，玩物丧志者有之，胸有鸿鹄之志而又心怀嬉戏之心者也大有人在。

鹌鹑的品种很多，清人程石邻著《鹌鹑谱》一书，曾罗列有丹山凤、五色鸾、赤绒豹、玉麒麟、锦毛虎、无敌将军等，总计44种。斗鹌鹑既以搏斗较胜负，因而选择品种至为重要，如同选将一样。程石邻说："必曰虎头、胼胁、熊臂、伟驱，方能临阵摧敌，百战不疲。"以上不过总其大概而已，至于细部，则头、嘴、腿、毛、颔、眉、眼、面、鼻、骨、胸各有分辨之法。《鹌鹑谱》记述得很详尽，比如：

第二章 源远流长的百戏杂艺

头：头如蟹壳阔还平，突似彪豺凹似鹰。
　　若得坚固如弹子，定然临阵作将军。
嘴：直紧如钳确似锥，三棱似玉世间稀。
　　千嘴不如三嘴巧，披毛带血始为奇。
腿：长劲粗圆骨法全，要如葱白两条悬。
　　玉指干筋须忌扁，胫雄掌大必争先。
骨：骨重筋多最是强，一条腹骨硬还长。
　　鸢有龟背棱撑样，鹤立如山压四方。

大凡选善斗的鹌鹑，以头、嘴、腿、骨四部分最为重要，因为头、嘴是武器，而腿、骨则是力量所蓄之处。鹌鹑到手后，经过一系列的饲、洗、把的调养功夫，才能上场搏斗。鹌鹑最宜洗，新得的鹌鹑比较肥，洗而去其浮膘，然后再把。所谓"把"就是在手中把玩，把的目的一在驯，二在去其浮膘。把后的鹌鹑，筋骨皮肉都变得坚顽了，上场之后，虽然遭受别的鹌鹑狠咬，也不怕、不伤，这样才有取胜的希望。肉肥皮嫩的鹌鹑最怕疼痛，一战即败。养鹌鹑的有句行话，所谓"耐得老拳成好汉，咬死不走是将军"，说的正是这一层意思。

过去，斗鹌鹑多在霜降之后。由于天寒，主人们各以锦袋装着自己的"勇士"，兴冲冲光临斗场，或二人，或多人参赛。斗时有局，围成一个小小的圆形斗圈，每斗一次，叫作"一圈"。这种场面，我们在清人李绿园著《歧路灯》中也曾读到。

鹌鹑好斗，胆子却不大，因此斗时有种种规矩。清朝徐珂《清稗类钞·赌博类》云："鹑胆最小，斗时所最忌者，旁有物影摇动，则必疑为鹰隼，惊惧而匿，不独临场即输，且日后亦费多方调养，始能振其雄气。"因此，斗场中最忌乱走乱动。斗败的俗称为"桶子"。获胜的鹌鹑若有轻伤，不可再斗，需洗养几日，然后上阵。

由于古人对鹌鹑的训练方法总结得十分详细，因而直到今天，斗鹌鹑仍是在民间流行的一种游艺形式。

斗蟋蟀

斗蟋蟀又称"斗促织""斗蛐蛐""秋兴"等,是一种驱使蟋蟀相斗的娱乐游戏。

蟋蟀之名最早见于《诗经》。在其《唐风·蟋蟀》及《豳风·七月》中就有"蟋蟀在堂""十月蟋蟀"之句。蓄蟋蟀斗蟋蟀之风始于唐玄宗开元天宝年间。王仁裕《开元天宝遗事·金笼蟋蟀》记曰:"每至秋时,宫中妃妾辈皆以小金笼捉蟋蟀。闭于笼中,置之枕函畔,夜听其声,庶民之家皆效之也。"又宋代《负曝杂录·禽虫善斗》介绍:"父老传:斗蛩亦始于天宝间。长安富人镂象牙为笼而畜之。以万金之资,付之一啄。其来远矣。"斗蟋蟀之风自唐代出现后,到了南宋时已颇盛行。据文献载,上至高官贵戚,下至平民百姓,甚至僧人也喜爱斗蟋蟀。相传济公活佛曾安葬有"铁枪"之誉的名蟋蟀,并填词一首悼念:

促织儿,王彦章,一根须短一根长;
只因全胜三十六,人总呼为王铁枪。
休烦恼,莫悲伤,世间万物有无常;
昨夜忽值严霜降,恰似南柯梦一场。

身为当朝一品的权臣贾似道,在元军压境的危急时刻,整日与姬妾斗蟋蟀取乐。这个与秦桧同列《宋史·奸臣传》的权臣,骄奢淫逸,玩军误国,落得千秋骂名,却写出了世界第一部关于蟋蟀遴选、决斗和饲养的专著《促织经》。从《促织经》中,我们可以得知南宋时斗蟋蟀的概况。贾似道认为,蟋蟀以生于荒山僻地者为上。从外形来看,蟋蟀要具备"四像":"钳像蜈蚣钳,嘴像狮子嘴,头像蜻蜓头,腿像蚱蜢腿。"从蟋蟀的

斗蟋蟀

第二章 源远流长的百戏杂艺

颜色来看,"白不如黑,黑不如赤,赤不如黄,黄不如青"。斗蟋蟀时,犹如举重、相扑比赛,讲究按量级参赛。《促织经·斗法八条》说:"比头比项比身材,若大分毫便拆开。"并且有"八不斗"之忌:"长不斗阔,黑不斗黄,薄不斗厚,嫩不斗苍,好不斗异,弱不斗强,小不斗大,有病不斗寻常。"在该书中,贾似道还就斗蟋蟀的簧法(即用蟋蟀草挑动将斗蟋蟀之法)归纳总结为三条。一是初对簧法:斗蟋蟀之始,先用蟋蟀草逗蟋蟀的腰,再逗其牙。其口开时,左提右挈,待鸣声收翅之际,再用蟋蟀草逗引刺激其斗性。二是上风簧法:经一个回合斗胜的蟋蟀,要及时用蟋蟀草调拨(不簧其牙),使之斗性常存。三是下风簧法:对第一个回合斗败的蟋蟀,要用蟋蟀草先拂其头须项背,再拂其腿脚牙际,待其鼓翼鸣声时便表明斗志已经鼓起,便可与别的蟋蟀决一雌雄了。

南宋之时,民间蓄养蟋蟀、斗蟋蟀很盛。有些善斗的蟋蟀备受主人的喜爱,甚至蓄蟋蟀者死后,还将蓄蟋蟀的用具随葬,江苏镇江、南京墓葬中曾出土过多只蟋蟀罐。美国大地自然博物馆藏有一幅南宋儿童斗蟋蟀图。南宋斗蟋蟀之风由此可见一斑。

明清以来,斗蟋蟀之风一直流行。《促织志》《促织谱》《蟋蟀秘要》一类的书籍也陆续出现了。明清两朝民间斗蟋蟀活动常与赌钱相联系。《五杂俎》卷九记载:明代"三吴有斗促织之戏,斗之有场,盛之有器,必大小相配,两家审视数四,然后登场决赌。"斗蟋蟀除了用草外,也有用马尾鬃的。斗时,将个头大小相类的两只蟋蟀放入大盆内,然后用蟋蟀草引逗到一处互相咬斗。几经交锋,负者便低首退却,胜者则振翅欢唱。负者的一方即输掉若干银两或钱币。《清嘉录》是这样记述清代赌斗蟋蟀活动的:"白露前后训养蟋蟀,以赌斗为乐,谓之秋兴,俗名斗赚绩……斗时在台上两造认色,或红或绿,曰标头,台下观者,即以台上之胜负为输赢,谓之贴标斗。分筹码,谓之花,以制钱(即铜钱)一百二十文为一花,一花至百花千花不等,凭两家议定,胜者得彩,不胜者输金。"不过相比较而言,斗蟋蟀赌钱终究是少数人,民间斗蟋蟀的主要目的还在于游戏取乐。蒋一葵《长安客话》卷二说:"京师人至七八月,家家皆养促织……瓦盆泥罐,遍市井皆是,不论老幼男女,皆引斗以为乐。"

除了文献描述,当时还有绘画形象地展示了当时斗蟋蟀的情景。清人吴

友如曾绘有一幅儿童斗秋厮图,图中边款云:"同称飞将,一决雌雄。漫言儿戏,亦奏肤功。"图中,五六个小儿围拢在一起,摆开了秋虫厮杀的疆场。他们呼朋唤友,煞有介事,玩得紧张,杀得痛快!反映出当时的斗蟋蟀游戏是相当盛行的。

斗蟋蟀自唐代出现以来,至今已有千余年的历史,流行于全国多数地区,在清末许多地区还形成了蟋蟀会,并颇具规模。在古代的斗虫戏中,斗蟋蟀可谓古人在饲养、观赏方面积累经验较多的一种游艺,深受人们的喜爱。

引人入胜的技艺竞技

　　以投射、球戏和各种赛力技艺活动为代表的技艺竞技游艺,在我国已有悠久的历史。早在先秦时期,这类游艺活动就很流行,许多形式甚至成为了学校教育、礼仪和军事训练的重要内容。经过几千年历史的发展,我国古代技艺竞技类游艺逐渐形成了内容丰富、多种多样的活动形式。它们不仅为中国传统文化增添了丰富多彩的内容,而且许多游艺形式传播至国外,对世界游艺活动的产生和发展产生了深远的影响。

第一节
投射技艺

 **击壤**

击壤是我国古代一项古老的投掷游戏，如果从传说中的尧算起，到现在至少已有4000年的历史了。但击壤究竟产生于何时，已难查考。不过，击壤的产生大约与狩猎有关。远古时代，人类用木棒打野兽，为了投掷得更准确些，平时便要练习。后来，狩猎工具得到了改进，有了弹弓和弓箭，一般就不再依靠木棒来掷击野兽了。这种练习便逐步演变成一种游戏。

晋皇甫谧《帝王世纪》中记载："（帝尧之世）天下大和，百姓无事，有八十老人击壤于道。"在《高士传》中也曾记述了尧时存在击壤的游戏，说尧出游于田间，路遇"壤父"击壤于道旁，一边击壤还一边歌唱。在汉代王充《论衡·艺增》中曾记载一首尧时击壤老人唱的歌谣：

日出而作，日入而息，凿井而饮，耕田而食，尧何等力！

意思是说太阳出来起床劳动，太阳落山回家休息，打井有水喝，种地有粮吃，击壤跟尧有什么关系呢？这里是反驳旁观者说击壤是尧的大恩大德。因而，"帝尧之世，击壤而歌"的记载成了后世歌颂太平盛世的典故。

两晋南北朝时，击壤在民间流行，南朝诗人谢灵运在《初去郡》诗中写下了"即是羲唐化，获我击壤声"的诗句。张协的《七命八首》诗中也有"玄龆巷歌，黄发击壤"之句，是说当时黑发的童子在歌唱，黄发的老翁在玩击壤的游戏。

对于击壤时所用的壤，在三国魏邯郸淳《艺经》中有记载："壤以木为

第三章 引人入胜的技艺竞技

之,前广后锐,长尺四寸,阔三寸,其形如履。将戏,先侧一壤于地,遥于三四十步以手中壤敲之,中者为上。"明王圻《三才图会》中也有同样记载,这说明击壤在古代是有比赛、分争高低上下、力求准确性的投掷运动。

击壤早已失传,大约是因为这种游戏太单调的缘故。不过,击壤后来发展成为击砖游戏,用砖代替

古代儿童是使用瓦块玩击壤游戏的

了壤,比赛的规则也比较完善了。虽然击壤在成人游艺活动中没有继承下来,但是却在儿童的游戏中延续下来。宋代时流行于寒食节、清明节前后的儿童抛堶游戏和明清时儿童游戏"打瓦"、"打板"等都是用瓦块、石头玩的击壤游戏。

明代人杨慎著的《丹铅馀录》卷九中记载:"宋世寒食有抛堶之戏,儿童飞瓦石之戏,若今之打瓦也。梅都的《禁烟》诗也说:'窈窕踏歌相把袂,轻浮赌胜各飞堶。'七禾切,或云起于尧民击壤。"

明代开始,还出现了一种名叫"打柭"的游戏,实际上,打柭是从击壤发展而来的。当时,打柭在全国各地的儿童中较为流行,只是史籍忽视,未予记载。各地名称不一,有叫打嘎、打白棍、打蜡棍的,江南一带则叫拷棒。在游戏方法上,也略有不同,除了一击令起,再一击令远,以近为负的方法外,还有抢接、罚接等方法。

张侃在《代吴儿作小至后九九诗八解》诗中提到了抛堶的游戏,诗云:"五五三三抛堶忙,柳丝深处映波塘。"宋代以后类似抛堶的游戏,还有"飞石"。《太平御览》记载,飞石的玩法是:"以砖二枚长七寸,相去三十步立为标。各以砖一枚,方圆一尺掷之,主人持筹随多少。甲先掷破则得筹,乙后破则夺先破者。"这是一种带有赌博性的"飞石"比赛。

明清时,击壤之戏被称为"打瓦"。此外,还有一种叫"打板"。《顺天府志》记载说:"小儿以木二寸,制如枣核,置地棒之。一击令起,随一击令远,以近为负,曰打板。板,古所称击壤者也。""打板"与满族风俗中的"打嘟栲"的玩法是一样的。到了近代,类似击壤的儿童投掷游戏仍然存在。

打布鲁

布鲁为蒙古语译音,是投掷的意思,也是指一种投掷器。原为古代蒙古族牧民狩猎的工具和护身的武器之一,后发展成为蒙古族以及整个北方民族传统的投掷游艺形式之一,并成为了那达慕大会的正式比赛项目。

早在旧石器时代,人类由于生存的需要创造了布鲁,即创造了以木棒投击野兽的方法,而那时的木棒就是原始的布鲁。随着人类社会的不断进步,生产工具和武器日渐改善和更新,这类打布鲁投掷也变成了一种专门的投掷游艺活动形式,而布鲁也由一根直棒改为一头弯曲的器械,其功能除狩猎、护身外,也被用来练习投远和投准,发展成了一项传统的游艺活动形式。

古代传统的布鲁包括三个部分:头部,长度为18~20厘米;身部,长度为32~34厘米;把部,长度为8~10厘米。布鲁的形状为扁、圆等形式,重量约150~450克不等。由于形状和用途不同,又可分为几种类型:一种叫"吉如根布鲁",这是一种铜铁制成的心状物,系着一根长皮条,主要用于在近距离猎获大型野兽。用力掷出后,可以穿透野兽坚韧的毛皮,直取要害,就是猛兽也会立时毙命;第二种叫"图固立嘎布鲁",是木制的圆形物,前部灌有铅或包有铜铁,重量轻、速度快,适用于打一些机动性很强的小动物,如野鸡、野兔等;第三种为"海雅木拉布鲁",是镰刀状的木制物,只用于平时练习。

当打"布鲁"发展成为一种专门的民间游艺形式后,其游艺方式演变为比赛掷远和掷准两种形式。掷准比赛又分定点目标和活动目标。这些活动常用来提高狩猎技能,是狩猎的基本功。由于在狩猎时布鲁能同猎枪发挥同等效力,且投掷布鲁技术好的猎手可以比持枪猎手优先命中禽兽,因而技术优秀的投掷者被人们誉为"木枪手"。

弹弓

在清人杜文澜编辑的《古谣谚》一书中,收录有一首汉代都城民谣,其中这样唱道:"苦饥寒,逐弹丸。"歌中唱的是汉武帝宠臣韩嫣的故事。韩嫣

第三章　引人入胜的技艺竞技

依仗汉武帝刘彻的宠信，生活放荡无度，挥金如土，好用弹弓打鸟，以为嬉戏，每至郊外打鸟，必携金弹丸十数枚，以夸其豪富。都城百姓生活饥寒困苦，韩嫣每次打鸟，穷苦百姓必尾随其后，争先拾金弹。这虽然反映了古代豪富穷奢极欲的腐朽生活方式，但也向我们表明，汉代人们已把弹弓用以游戏了。不过，究其渊源，早在

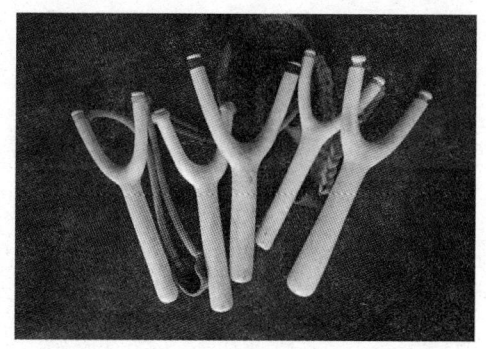

弹弓

史前人类的狩猎活动中，就已经出现了发射弹丸的弹弓。半坡遗址出土球类器物达567件，其中石球240件，陶球327件。江南的河姆渡遗址中也发现了不少石丸和陶球，只是石球小型化了，但这一发现从一个侧面反映了人们为保护庄稼而应用弹弓的事实。

发射弹丸的弹弓与一般的弓相似，但弦以竹、藤为之，中央有一个兜，可置1～3枚弹丸，供射鸟使用。云南傣、佤、布朗、拉祜等民族都有这种弹弓。

我国甲骨文中的"弹"字，其形象就与此类弹弓完全一样，说明竹弹弓由来已久。《吴越春秋·勾践阴谋外传》中记载射手陈音答越王说："古者人民朴质，饥食鸟兽，渴饮雾露，死则裹以白茅，投于中野，孝子不忍父母为禽所食，故作弹以守之，绝鸟之害。故歌曰'断竹续竹，飞土逐肉'之谓也。"弹弓的出现和新石器时代农业的兴起有密切关系，"断竹续竹"是砍断竹子做弓弧，再以竹条为弓弦；"飞土逐肉"则说的是用竹弓发射弹丸，猎取禽鸟。

弹弓这种器具在相当长的历史时期里是作为庄稼的防护器具和行猎的工具存在的，在此基础上，又演变成了民间游艺的重要娱乐形式。

历史上在提到弹弓时，还常常伴随以一个不大美好的甚至行径恶劣的故事。比如春秋时那个坏蛋晋灵公就曾站在台上，用弹弓打人。不过也有佳话，比如西汉时的宣帝刘询曾下过这样的诏书："其令三辅毋得以春夏摘巢探卵，弹射飞鸟。"一位封建帝王能这样做，不失为一段爱鸟的佳话。

元代也曾严令禁用弹弓和袖箭，不过那不是从爱鸟出发，而是怕人拥有

兵器而反抗元蒙的统治。

儿童以打弹弓为戏的文字记述，大约以西汉韩婴的《韩诗外传》为最早了，该书卷十有云："黄雀方欲食螳螂，不知童子挟弹丸在下，迎而欲弹之。"南朝陈的徐陵《徐考穆集》、唐白居易《长庆集》、吴筠的《两同书》、陆龟蒙《甫里集》等诗集中，都有不少记咏弹弓打鸟以为游戏的诗作。宋代周密《武林旧事》卷六《诸色伎艺人》条中记载市井中专事打弹者，如杨宝、蛮王等十人。清代北京街头有专卖弹弓的小贩，儿童们花上几个铜钱就可以买到一个。王隐菊等人编著的《旧京三百六十行》一书记述说："卖弹弓、卖袖箭的小贩，多赶庙会或到厂甸摆摊出售。弹弓系用竹子制作的，其弦的中间附有圆形小槽，是丝编成的，弹槽内安上泥丸，对准枝头小鸟把弹丸射出去。"

《清朝野史大观》卷十二《清述异》中记载了乾隆年间，有人自滇南而归，聘悬"铁胎弓"者保镖，保镖者声称"我张氏铁胎弓，累代驰名……（两女）张弓取铁丸对弹，但见两弹相触，铮然迸落，连发二十余丸，无一参差者，观者骇绝。"滇南是云南的别称，其地少数民族甚多，而此技在少数民族中多有保留，"累代驰名"在某种程度上反映了这一事实。而以"铁丸对弹"，显然是这种技艺的一种竞赛表演形式，它具有观赏娱乐性质。

射侯

射侯又叫"射鹄"，也叫"射鼓"，也就是后来的射箭游艺。侯、鹄指箭靶的中心，《礼记·射义》说："故射者各射己之鹄。"射鹄就是箭射靶心，即"射侯"。侯用皮革或布制成，上画以熊、虎、豹、麋等兽形。侯的形状和规格，古时因射者身份的高低而有较为严格的规定。"周礼"中记载的六艺"礼、乐、射、御、书、数"，即将射箭列入其中。当时规定，男子15岁就要开始习射，成年后要按不同等级，在不同场所继续练习射箭，而后参加每年举行的不同等级的射箭比赛。比赛时要进行饮酒、奏乐等一系列繁杂的礼仪，被称为射礼。这可以说是世界历史上较早的射箭比赛了。

春秋战国时期，射箭得到了更大的发展。当时思想文化领域里的诸子百家，也对射箭表现了极大的关注和热情。据《礼记·射义》所载。孔子在

第三章 引人入胜的技艺竞技

"瞿相之圃"射箭时,观看的人围得像墙似的,这也许是孔子对弟子进行"射以观德"的教育;荀子、墨子等也都是射箭好手,并将射箭作为对学生进行教育的主要内容之一。

从战国到隋唐,射箭的竞技和娱乐色彩渐浓,并产生了正式的射箭竞赛活动。《北史·魏宗室常山王遵传》曾记道:孝武帝在洛阳的华林园曾举行过一次射箭比赛,当时是将一个能容二升的银酒杯悬于百步以外,19个人进行竞射,射中者即得此杯,结果,濮阳王顺喜获此奖杯。这当是我国历史上最初的奖杯赛。在敦煌莫高窟北周时期的壁画中,也有表现射侯比赛的画面。

唐代,由于射箭所具有的竞赛性与娱乐性,因而又常常成为文人们的一项文娱活动。唐代大诗人李白、诗圣杜甫均是射箭能手。李白曾自诩为"一射两虎穿,转背落双鸢",而杜甫在打猎中则"射飞曾纵鞚,引臂落鸧鹒"。

宋代,由于射箭活动在民间十分普及,因而人们开始打破束缚人的射礼礼法,而将其作为一种游戏形式。北宋时的欧阳修便参照古礼制定出"九射格"。九射格是将古射礼纳入酒令,并用9种动物绘为一个大侯,熊居中,上虎、下鹿,右绘雕、雉、猿,左侧雁、兔、鱼,每种动物各有筹,射中其物,则视筹所在位置而饮之。

明清时代,射侯遍及朝野,笔记小说、诗词俚曲每见记咏,并有宫廷的、民间的绘画、版画等流传下来。在故宫博物院收藏的一幅《明宣宗宫中行乐图》中,其中第一部分即是射侯图。画面有宫中射手14人,其中1人正拉满弓欲射,其余13人散立其左右。远处立旗帜两面,两旗当中立侯。旗之两侧,各立2人准备拾箭。此外,清代的法国画家王致诚曾绘有一幅《乾隆射箭油画挂屏》,这幅画以清高宗乾隆皇帝(1735—1796年在位)在避暑山庄射箭习武为题材绘成。图中,乾隆皇帝在大臣们的陪同下,正在执弓射靶。画面侯(靶)的形象和射箭者的姿态均很有特点。

清人李声振《百戏竹枝词》中就有一首专咏清人射侯的词,名为《射鼓》,其中这样写道:

　　熊虎为侯此滥觞,连环绣革试穿杨。
　　太平脱剑军鼙息,却忆昆仑狄武襄。

原注:"以皮为的,连环数重,如鼓形,在于命中。"这是"射鼓"之名的由来。诗中所用的是宋代名将狄青破昆仑之典。射侯虽是闲时游戏,但早

期也是用于武备的。清人曼殊震钧的《天咫偶闻》卷一有记载说:"国家创业,以弧矢威天下,故八旗以骑射为本务。而士夫家居,亦以射为娱,家有射圃,良朋三五,约期为会,其射之法不一,日射鹄子:高悬栖皮,送以响箭;鹄之层亦不一,最小者为'羊眼'。"表明清政府重视射箭由来已久,甚至相沿成俗。在满族有这样一个传统习俗,当家里生子时,必在门外挂一张小弓箭,祝愿他以后成为好射手。

清代的北京城里,除了士大夫家有射圃之外,市井中亦有箭场之设,《天咫偶闻》《清稗类钞》等书均有所记述。当时的百本张抄本子弟书中还有《射鹄子》一段,曲中唱到箭场中的设置时说:在一个院落中,四面环墙,"有个平台儿小小五间盖在正北,将那鹄棚、箭挡儿都设在正南"。开箭场的叫"棚东",来射鹄的都是些纨绔子弟,自带弓箭,前来互相角射。这样的鹄场,一律以射为赌,门前往往写着"步靶候教"几个大字,而清代政府屡下赌禁,唯独射赌不在禁列,反映出射侯作为一项游艺形式,也已经成为了娱乐文化的重要内容。

吹箭

吹箭,又名吹筒,在投射游戏中是一个与众不同、独具特色的品种。从历史上看,吹箭至少在唐代已成为游戏。清人阮葵生《茶余客话》卷二十《吹箭》条记载说:"方干诗'吹箭落素羽,垂丝牵锦鳞。'吹箭,即今之吹筒也。或以箭,或以弹丸,皆捷而准,但不能及远。"方干是唐代末年人,大中年间(847—860年)曾举进士,因兔唇貌丑而名落孙山,险些步终南进士之后尘,成为第二位钟馗。打那以后,他隐居会稽镜湖,终身不出。该诗所咏,可能正是他在隐居会稽时亲自玩过的两种游戏:吹箭和垂钓。

唐代吹箭的形式,资料

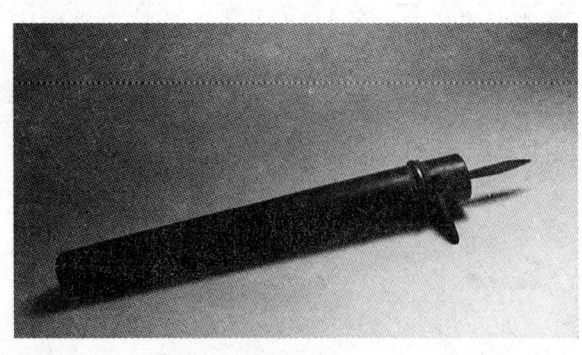

吹箭

第三章 引人入胜的技艺竞技

鲜见描述,不过我们可以从东邻日本的某些资料中来加以了解。在古代的日本也有吹箭游戏,常在街头巷尾,支起一板,上画靶子,游戏者站在数米之外,瞄准靶子吹箭。只需交纳些许零钱就可一玩,中者赠以小礼物。在日本大修馆昭和五十五年(1980年)出版的《浮世绘大百科事典》第五卷《风俗》中就有一幅吹箭图,名为"箭吹",按日语语法,动词后置,实即吹箭。吹箭是我国唐代的叫法,到后来已易名为"吹筒"了。反映出吹箭游戏可能是唐代前后由日本的遣唐使、留唐生、留唐僧等携归扶桑的。而这幅图,正是对唐代吹箭形式的最好介绍。

"吹筒"之名在清代普遍叫开之后,其古称"吹箭"反被人们遗忘了。名字变了,玩法也与前代不同。所吹的不再是"箭",而是豆子之类的弹丸。在历史上,吹筒与射箭虽然都为投射类游艺,但二者还是有很大区别的。一般来讲,吹筒与射箭的根本区别在于动力的来源不同,射箭的动力来自臂部肌肉的伸缩,而吹筒的动力发自肺叶的收张。其游艺方式简单地说是以竹筒或芦苇管制成长笛,筒内打磨光滑,将小箭镞、豆子或泥丸装入筒中,再将筒放在嘴上,用力一吹,则矢、丸飞出,可以打鸟,也可伤人,因此,曾入于兵家或配作暗器。

清代初年,即1703年,康熙皇帝南巡时,有一位叫元璟的南方和尚曾被召至御前,尔后膺命入都。他在北京期间曾创作了《京师百咏》诗,以记咏北京的事物、风俗等,其中有《吹筒》一首这样写道:"轻轻吹,悄悄走,雀在丸,鸽在口,此中之乐君知否。"作者巧用白描手法,很生动地描绘出用吹筒射鸟、打鸽者的形象以及游戏者自我欣赏、自我陶醉的心理。

制作吹筒用的筒,是一种比较特殊的竹子,竹名"射筒"。射筒这种竹子,细小而通长,管内无节,是制作吹筒的良材。

清代制作吹筒的材料,还用过芦苇秆。因为它茎部中空,适宜于做筒。以后进而用细竹竿,将竹节的里外面都打磨光滑,特别是筒里面不能有一点粗糙的地方。讲究点的,还在筒外用花梨、紫檀木包镶,再装上一个翡翠、象牙等珍贵材料制成的嘴子。发展到后来,有用黄铜或紫铜制作的。筒子的长度,有3~5尺不等,筒子的口径约为7毫米左右。使用前先把豌豆或红小豆在头一天用水浸泡,使之膨胀,当作子弹;第二天使用时,拿一颗浸泡过的豆子含在嘴里,把筒子放在嘴上,对准高处的目标,用力一吹,把豆子吹

出筒外，可吹至10丈以上的高度。也有用泥丸的，但泥丸含嘴里会弄得满嘴泥土，一般很少使用。

玩吹筒先要练好丹田之气，气足方能有力量，吹得远，然后才有准确性。据说没有三五年的功夫，不能奏效。吹箭作为一种传统的游艺形式，在古代曾盛极一时，如今这一游艺形式已很少见了，只是在每年一度的传统庙会上偶得一见。

第二节
球类与角力型游戏

马球、蹴鞠等游戏

唐中宗李显在位的景龙年间，吐蕃王派遣使臣到京城长安，迎接金城公主入藏。使臣逗留长安期间，唐中宗曾邀请他们到梨园亭子观看打马球比赛活动。使臣赞咄向中宗皇帝进言说：我的部下也有爱好马球的，请让他们和汉人比试一下。李显本是个马球爱好者，见吐蕃使臣有意比试比试，便令宫中马球队和吐蕃队比赛，想看一下这精彩的场面。谁知，比赛的结果是吐蕃队胜利了。这使唐中宗很不高兴，而中宗不甘心如此败北，于是又临时拼凑了一支皇家贵族马球队。当时，李隆基是临淄王，他的马球技艺精湛，唐中宗就命令他与嗣虢王李邕、驸马杨慎交、武延秀四个人组成马球队，与吐蕃的十人马球队上场交量。在这场精彩的马球赛中，临淄王李隆基纵马驰骋，东奔西突，如风驰电掣，所向无敌。吐蕃马球队被临淄王的气势所压倒，技艺无法施展，最后终于败北。

马球是一种骑在马上挥杖击打球的竞赛活动，中国古代称之为"击鞠"。

第三章 引人入胜的技艺竞技

打马球运动

从现有的文献看，中国古代击鞠活动的最早记载是汉末三国时期，曹植在其乐府诗《名都篇》里描写了"京洛少年"们身着华丽的服装，佩剑携弓，在太阳初升时先去东郊斗鸡取乐，然后"走马长楸间，长驱上南山"打猎。打猎归来列席宴饮后，又"连骑击鞠"，直到太阳落山时才尽兴而散。这则乐府诗告诉我们，最晚在曹植所生活的汉末三国之际已经有了击鞠活动。击鞠活动之所以出现在当时，其原因可能是多方面的，但是受蹴鞠的启发以及对骑兵日常军事训练的需要可能是主要原因。马球出现后，到了唐宋和金元时期，已经在宫廷中盛行起来。唐太宗李世民是人所共知的一代英主，他还是唐代马球活动的倡导者，他认识到马球对训练骑兵及健身的积极意义，提倡在军队和皇亲贵族中开展马球活动。唐中宗李显"好击球，由是风俗相尚"，带动了唐代宫廷马球的盛行。唐玄宗李隆基更是爱好走马打球，而且技艺颇高。他登基后，对马球的兴趣越来越大。他"为长枕大被，与兄弟同寝。诸王每

旦朝于侧门，退则相从宴饮、斗鸡、击球……"直到60多岁时，他还同御林军将士在骊山行宫的球场上跃马击球。难怪宋代的晁无咎在看了《明皇打球图》之后，不无感慨地吟道："宫殿千门白昼开，三郎沉醉打球回。九龄已老韩休死，明日应无谏疏来。"

　　唐玄宗以后，唐代皇帝打马球的风气一直盛行不衰，唐穆宗、唐敬宗、唐宣宗、唐僖宗和唐昭宗等都是马球活动的佼佼者。唐宣宗在马球场上"每持鞠杖，乘势奔跃，运鞠于空中，连击至数百，而马驰不止，迅若流电。二军老手，咸服其能"。其打马球的水平之高超，连皇家宫廷职业马球队员都自愧不如。唐穆宗、唐敬宗观看起马球比赛来，兴之所至，常常到晚上一二更天才回宫。唐代后期，在朝政不稳的情况下，帝王们也未曾忘记打马球取乐，甚至出现了以打马球赌官争爵的丑闻。唐僖宗广明元年（880年），陈敬瑄、杨师立、牛勖、罗元杲四人同争西川节度使一职，唐僖宗一时难以决断，竟想出一个"令四人击球赌之"的办法，结果陈敬瑄技高一筹，力挫三人，赢得了西川节度使的肥缺。唐昭宗李晔，在被朱全忠逼迁东都洛阳时，尽管文武百官和御林六军大都中途逃散，但是供唐昭宗马球娱乐的打球供奉和内园小儿却紧随其身后，一直从长安跟到洛阳，在东都新宫中又重新开张，玩起昔日的马球游戏。

　　由于唐代皇帝大都喜欢马球之戏，在宫城和禁苑里多筑有马球场地，仅大明宫里就有七八处，如麟德殿、中和殿、飞龙院、清思殿、雍和殿及梨园亭子等。在唐大明宫出土的一块石碑上刻有建马球场年月的字样"大唐太和辛亥岁乙未月建"，可见当时已把球场建筑纳入了宫廷的整个建设规划之中。宫廷马球场的面积虽说不太大，一般长120米，宽50米，但质量很高。许多马球场"平望若砥，下看如镜"。风之所及，许多达官显贵也在自己的住宅内修建球场，如唐中宗的驸马杨慎交、武崇训等，不仅在自己的府第中筑有马球场，而且为了使场地平整光亮，还在球场上洒油。虽说未免太奢侈了，但也可从中看出唐代帝王贵戚们对马球娱乐的痴迷程度。唐章怀太子李贤的墓葬中有一幅《打马球图》的壁画。画面上有20多匹正在驰骋的骏马，骑手们个个头戴幞头，脚蹬长靴，手持球杖，奔驰于球场。一位骑枣红马的骑手跑在前面，正侧身举杖向后击球；邻近的骑手们也纷纷挥杖驱马，争夺皮球……皇太子墓中绘有如此栩栩如生的打马球壁画，可见打马球这一富有刺

第三章　引人入胜的技艺竞技

激性的娱乐活动在死者生前日常生活中的地位。

在唐代，不仅帝王贵族们喜欢打马球，一些体态纤弱的宫女们也乐此不疲，而且身手不凡。唐诗人张籍《寒食内宴二首》中的诗句"廊下御厨分冷食，殿前香骑逐飞球"，描写的就是宫女们于寒食节进行马球比赛的盛况。五代花蕊夫人的《宫词》中也有"自教宫娥学打球，玉鞍初跨柳腰柔。上棚知是官家认，遍遍长赢第一筹"的生动描写。出土文物中的唐代四女子打马球铜镜和唐代击球女俑，更是唐代宫廷女子打马球娱乐的实物佐证。由于马球娱乐活动需要专用的场地和优良的运动器械（如马匹、球杖等），故只限于宫廷和官宦贵族豪富之家盛行，平民百姓是难以问津的。唐五代宫女打马球时，有打背身球的习惯。王建《宫词》云："对御难争第一筹，殿前不打背身球。内人唱好龟兹急，天子鞘回过玉楼。"杨太后《宫词》云："击鞠由来岂作嬉，不忘鞍马是神机。牵缰绝尾施新巧，背打星球一点飞。"诗中所描写的背身球，可能像今天打网球的反手抽击。宫女骑在马上反身击球，摇曳生姿，倍增婀娜之态，应当是极为好看的打球动作。宫中讲究殿前不打背身球，大概是在皇帝面前打球应庄重，不应过分轻佻的缘故吧。

唐代宫廷中还盛行步打球活动，即徒步打球不骑马，颇类似现代的曲棍球。步打球与马球相比，激烈程度大大降低，其表演娱乐性更强，是宫女们常为帝王娱乐观赏而表演的项目。王建《宫词》中有宫女步打球的形象描述：

　　殿前铺设两边楼，寒食宫人步打球。
　　一半走来争跪拜，上棚先谢得头筹。

步打球的宫女要分成两队表演。因为步打球是为上棚里的皇帝表演的娱乐活动，所以进第一个球的那队宫女要向皇帝跪拜，然后才继续表演比赛。有此"跪拜"的殊荣，故当时以能得第一筹，即进第一球为贵。

除了步打球这一马球的变种娱乐活动外，唐代长安还流行骑驴打球（驴鞠）的娱乐活动。剑南节度使郭英义教其家妓骑驴打球。其家妓所骑乘的驴品种优良，并配有花重金购买的钿鞍宝勒，极为华丽。唐敬宗宝历二年（826年）六月，受敬宗宠信的御用球工石定宽组织了驴鞠比赛让敬宗欣赏，"上御三殿，观两军、教坊、内园分朋驴鞠、角抵……至一更二更方罢"。唐敬宗看驴鞠角抵表演，竟到一二更天才结束，可见驴鞠角抵极有吸引力。

取乐逗趣的驴鞠

　　驴鞠是唐代人发明的,这与当时骑驴是一种时髦的风尚有关。武则天时,此风尚已遍及朝野,不少官员上朝都以骑驴为习,唐代许多诗人也习惯于在驴背上赋诗觅句。相比较而言,驴鞠更适合于女子。驴鞠到了宋代仍继续在宫廷中存在,但已成为专供帝王取笑逗乐的男子表演项目。据《东京梦华录·驾登宝津楼诸军呈百戏》记载:"……设彩结小门于殿前,有花装男子(穿花衣裳的男子)百余人……各跨雕鞍花鞯驴子,分为两队,各有朋头一名,各执彩画球杖,谓之小打。一朋头用杖击弄球子,如缀球子,方坠地,两朋争占,供与朋头。左朋击球子过门入盂(球门)为胜,右朋向前争占不令入盂(球门),互相追逐,得筹谢恩而退。"《宋史·礼志》中有宫廷"步击者(步打球),乘驴骡击者,时令供奉者朋戏以为乐"的记载。可见,宋代宫廷的驴鞠和步打相同,其取乐逗趣的功能是马球不能取代的。

古代女子打马球

　　风靡唐代三百余年的马球到了宋代依然盛行。宋代皇帝不仅自己常常挥杖跃马于球场,还将这一特有的娱乐礼仪化。据《宋史·礼志》记载:"打球,本军中戏。太宗令有司详定其仪。"并规定每年农历三月在大明殿会鞠(大规模的打马球竞技比赛)。会鞠时,当朝皇帝在乐曲声中骑马入场,群臣山呼万岁。会鞠照例由皇帝开球,此时教坊作乐奏鼓。皇帝开球后回马,臣属则敬酒上寿。饮酒后,皇帝再上马打球,然后诸王大臣驰马争击。皇帝得筹进球,鼓乐暂停,从臣山呼万岁。群臣得筹进球则唱好,进

第三章 引人入胜的技艺竞技

球者要下马谢恩。凡三次得筹即结束,然后到御殿召群臣饮酒。宋代礼仪化的打马球活动,虽远远比不上唐代马球运动扣人心弦,但是却充分展现出宋人对打马球的重视程度。

有意思的是,打马球这项娱乐活动不但被用于赌博,甚至还用作政治赌注。1069年,宋神宗起用王安石变法,因新法触动了不少官僚的既得利益,引起了一些王公大臣的反对。他们利用一切机会劝谏宋神宗罢除新法。彭百川的《太平治绩》里记载了这样一件事:有一次,宋神宗和同母弟吴王颢、嘉王𫖯打马球娱乐,宋神宗提出赌腰中的玉带。嘉王𫖯则乘机进言:"如果臣赢球,情愿不要玉带,只乞求罢除青苗法就心满意足了。"这种政治赌注让宋神宗很不高兴。

宋室南渡后,南宋皇帝一度更加重视马球活动,把它作为锻炼身体、振奋精神的手段。如宋孝宗"日御球场"挥杖击球,兵部侍郎兼太子詹事周必大劝他不要从事打马球这项剧烈的活动,而宋孝宗则回答说:"正以仇耻未雪,不欲自逸尔。"在皇帝带动下,马球很快成为军中常见的活动。

与宋并立的辽、金宫廷里,打马球之风也极为盛行。在辽的皇城里就设有多处马球场,帝王贵族以及高官名将常云集皇城球场里进行打马球比赛。辽国的最高统治者如辽穆宗耶律璟、辽圣宗耶律隆绪、辽兴宗耶律宗真等,经常以打马球取乐。据《日下旧闻考》记载,辽国的马球活动方式与宋代基本一样。金人继承辽的风俗,上自皇帝下至民众多以马球为习武娱乐的主要形式。马对草原民族来说是日常习用的坐骑,所以马球活动能得以普遍开展。金世宗完颜雍极好打马球,司天监马贵中以围猎和打马球都是危险的活动,劝说金世宗以皇太子坠马受伤为戒,不要再迷恋此项有伤龙体的活动,而金世宗却不以为然。尽管当时战乱纷仍,金国的帝王贵族们也不忘忙里偷闲,跃马挥杖驰骋球场。如完颜宗翰和完颜宗望在俘虏宋徽宗、宋钦宗北归途经真定府时,二人让宋徽宗观看他们打马球,并让徽宗写一首打马球诗助兴。宋徽宗身为阶下囚,只好遵照两位太子的命令赋诗:"锦袍骏马晓棚分,一点星驰百骑奔。夺得头筹须正过,无令绰拨入斜门。"

元代宫廷每年都要举行大规模的打马球活动。举行的时间多在端午和重阳两节期间。元大都(今北京)西华门内是举办打马球活动的主要场地,元代皇帝率太子诸王前来观看。打马球开始时,"先以一马前驰,掷大皮缝软球子于地,群马争骤,各以长藤柄球杖争接之,而球子忽掉在球棒上,随马走如电,而球子终不坠地。力捷而熟娴者,以球子挑剔跳掷于虚空中,而终不离球杖。马走如飞,然后打入球门中者为胜。"张昱在《辇下曲》中对打马球的描述可谓出神入化:"闲家日逐小公侯,蓝棒相随觅打球。向晚醉嫌归路远,金鞭梢过御街头。"除马球外,元代宫廷还常有步打球娱乐活动。当时有诗人这样描写道:"苑内萧墙景最幽,一方池阁正新秋。内臣尽掘场中地,官里时来步打球。"该诗说内臣们在皇家禁苑里遍掘"窝儿",因为没准什么时候,皇帝就要来玩步打球了。"宫里"指元代皇帝,他在景色优美的宫苑内步打球娱乐,想必步打球是极有趣味的活动。元代还出现了一部关于步打球的专门作品《丸经》,详细地介绍了步打球的比赛方法、场地设施和器具规格。步打球使用的球和球杖的形制与马球差不多,但以打入"窝儿"(在地上挖一洞穴)为胜,与近代的高尔夫球有许多相似之处。到明代宫廷,打马球除了在端午节期间还能见到外,其他时间已经很少能见到了。这项起自唐代,在宫廷中盛行近千年的娱乐活动,到了明代已经基本画上了句号。

角抵与相扑

　　角力型游戏是一种较为原始的游戏方式,它的主要特点就是通过游戏者力量上的竞争和较量来分出胜负,以此得到一种精神上的快感。角力型游戏与人的基本生理运动有着非常密切的关系。在人的机体要求不断运动的欲望下,人便会通过一种能量的发泄来满足这种欲望,于是便产生了角力型游戏。

　　中国古代的角抵、相扑等等,都是属于典型的角力型游戏活动。角抵的

第三章　引人入胜的技艺竞技

摔跤游戏

起源我们一直可以追溯到上古时代。据《述异记》记载，上古时的蚩尤民族头上长着角，耳鬓旁长着剑戟。他们在与黄帝打仗时，就以头上之角抵人，敌方对此很难防御。这种所谓的"以角抵人"，其实便是一种类似现在摔跤、拳斗一类的角力活动。它们主要是一种力量型的较量，通过非常简单的人体相搏来分出胜负输赢。到了秦汉时期，角抵活动非常盛行，但是当时的角抵已经不再是一种争斗相搏的手段，而是变成为一种带有一定表演成分的游戏活动。据古籍记载："秦并天下，罢讲武礼，为角抵。"由于秦始皇怕民众起来造反，于是便罢武礼、息兵事，把角抵变成了一种寻欢作乐的游戏节目。到了汉代时期，角抵活动十分普及，尤其是在冀州一带民间，经常有这种游戏活动："其民三三两两，头戴兽角相抵，名唤'蚩尤戏'。"从这一记载中将角抵称为"蚩尤戏"以及角抵时要进行化妆的情况来看，很明显角抵在当时已经成为一种富有娱乐性的游戏活动。《汉书·武帝本纪》中也有关于角抵戏的记载，据载当时的角抵戏规模宏大，轰动京城，老百姓们甚至宁愿跑了几百里的路去观看助威，可见当时人们对于角抵游戏的喜爱。

到了唐宋时期，角抵戏更是盛及朝野，其游戏色彩也更浓，当时它经常

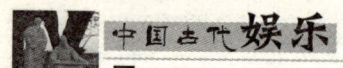

是作为一种百戏的形式出现在皇廷、官府、军队和民间集会等场合中。如《旧唐书·敬宗本纪》引《续文献通考·百戏散乐》云:"角力戏,壮力裸袒相搏而角胜负。每群戏毕,左右军擂大鼓而引之。"角抵在宋代变为相扑,当时朝廷中凡有盛大的宴会,经常要请相扑手来表演,以作席间嬉乐。民间瓦市中的相扑之戏也广为盛行。进行相扑时一般都是先由女子出来对打一番,然后派出大力士来比赛,力气最大、天下无敌的相扑手可以领得奖赏。角抵、相扑虽然主要是靠力量来战胜对方,但有时也要讲究一定的技巧。在敦煌壁画中,绘有一幅五代时期的相扑图,图上画着两名力士在一方形地毯上比赛的形象。两名相扑手一人一手在前,一手在后,用弓箭步直取对方;另一人则双臂弯曲,低俯身体,左右回旋,伺机反攻。两人上场后不是立即扭抱在一起,而是找角度,看时机,十分讲究技巧方法。

摔跤游戏

摔跤也许是人类最原始的游戏之一。有人说过,假如把奥林匹克运动看成是一部人类的历史,那么摔跤就是这部历史的序幕。从奥林匹克诞生之时起,摔跤就是一项主要的竞技运动。早在 5000 年前,埃及就出现了包含摔跤场面的壁画。又过了 2000 多年,当古代奥运会在公元前 776 年诞生之时,摔跤就是其中的一项比赛,而且一直是历届奥运会的主要竞技项目。在古代奥运会中断 1500 年后,摔跤也随即找回了在现代奥运会中的位置。组织者在寻找现代奥运会与古代奥运会的直接联系过程中,自然而然地选中了摔跤,因为它曾在古代风靡世界大多数地方,从希腊、亚述、巴比伦到印度、中国和日本。

摔跤比赛显然是从摔跤游戏发展而来的。在古典式摔跤比赛中,摔跤选手只能用双臂和上半身去攻击对手,也只能扭抱对手的这些部位。从历史的角度来说,古典式摔跤是一项不错的运动,但同时另一种更加自由的摔跤形式风靡了整个英国和美国。这种自由式摔跤被称为"想抓哪就抓哪"的运动,而且在这两个国家里成了人们在市集和节日里常见的节目,甚至成为流行的娱乐职业。1904 年,奥运会增添了一项摔跤项目,名为"自由式摔跤"。自由式摔跤允许选手用腿来压迫、挑起和绊倒对手,也允许扭抱对手腰部以上或腰部以下的部位。这种自由式摔跤,从某种角度看,是向摔跤的游戏本质的回归。

第三章　引人入胜的技艺竞技

摔跤在中国源远流长，历史悠久。根据记载和传说，早在4000年前的原始社会就有了摔跤活动，当时，人们为了求得生存，在与自然界进行斗争中，在部落之间的冲突中，利用自己的力量、技巧取得食物和进行自卫，从而产生了古代的摔跤。南朝人任昉在《述异记》中写道：

秦汉间说，蚩尤氏耳鬓如剑戟，头有角，与轩辕斗，以角抵人，人不能向。今冀州有乐名"蚩尤戏"，其两两三三，头戴牛角以相抵，汉造角抵戏，盖其遗制也。

这种"蚩尤戏"，显然就是我国古代摔跤的雏形。由此可知，中国古代的摔跤始于黄帝时代。"蚩尤戏"的"戏"字，显示了这种活动的游戏性质。

在周朝初年，摔跤是作为练兵的一项军事科目出现的。《礼记·月令》记载："孟冬之月……天子乃命将帅讲武，习射、御、角力。"由于当时的社会发展水平，射箭、驾车、角力都是军队操练的主要科目。春秋战国是奴隶社会向封建社会过渡的大变革时期，列强对峙，互相攻伐，战争频繁，作为军事训练的摔跤活动也得到广泛的开展。《公羊传》记载，宋闵公手下有一员大将叫长万，是当时闻名于世的大力士，由于宋闵公揭露长万曾被鲁师所俘，故"万怒，搏闵公，绝其脰"。结果，宋闵公被长万摔死。

秦汉时期，摔跤开始向游戏、表演方面发展，它不仅作为一种重要的军事训练手段，同时也是节日和宫廷的表演项目。秦统一六国后，进行了"车同轨、书同文"，同时也统一了摔跤的名称为"角抵"。湖北江陵凤凰山一座秦墓中出土的木篦，绘有古代摔跤的画面。这是迄今发现的年代最早的有关古代摔跤的史料。图案上绘有3名男子在进行摔跤比赛，左边立者为裁判，上边悬挂的帷幕，表示在舞台上进行的比赛。按照画面的排场看，似在宫廷内举行。由此可见，秦统一六国后，摔跤被列为宫廷的娱乐项目。

汉武帝时，摔跤活动盛行。据《汉书》

李世民

记载，当时规模最大的摔跤活动有两次，一次是元封三年（前108年）三年春，"作角抵戏，三百里内皆来观"；一次是元封六年（前105年）夏，"京师民观角抵于上林平乐馆"。河南密县打虎亭二号东汉墓中的一幅壁画，描写了当时摔跤表演的一个场面。陕西长安客省庄汉墓出土的铜牌上也刻有摔跤图，画面上是两位农民打扮的男子在树荫下对摔。此图足以说明汉代摔跤活动已经普遍地开展，田间地头也成了摔跤的场所。由于汉代重视摔跤活动，摔跤的技术有了长足的发展，同时摔跤比赛胜负由裁判员来判决。山东临沂金雀山汉墓出土的绢画上，有一对健壮的摔跤手，挽袖对视，准备决一雌雄，并有一名裁判员在旁拱手而立。河南南阳市出土的汉砖上，刻有角抵戏。三国鼎足之后，曹操曾大力提倡摔跤活动，除把摔跤作为训练士兵的手段外，还列入百戏之内。

唐朝历经贞观、开元之治，国富民强。太宗李世民以隋亡为戒，选贤任能、虚心纳谏，社会经济很快得到发展，而讲武、习武的风气不懈。故唐代摔跤活动蜚噪一时，就连帝王也要上场助威，鼓励士气。据史料记载，唐朝时，每逢元宵节和中元节都要举行摔跤比赛，许多帝王不仅爱看，而且有的还是摔跤能手。唐朝末年，朝廷建立了官办的"相扑棚"，收罗和训练摔跤能手，入选者称为"相扑人"，每当朝会、宴聚、祭祀之时，相扑人专门进行摔跤表演。秦汉以来，摔跤的主要技术是比较力量，并可以拳打脚踢，用擒拿方法扭断手臂、腿脚，直至把对方摔死。

在明朝万历年间出版的《万法宝全》一书中，有古代摔跤图。当时把摔跤列为六御之内，作为军队作战训练的重要手段。据《明史》记述，那时的官僚很注重选拔摔跤人才和针对性的摔跤训练，在战术上注意到以矮制长。明代末年，陈元斌东渡日本，求援兵于德川幕府，结果求援未遂，留居日本。这样，他就把中国的武术和摔跤传到了日本，后经日本改革和发展，成为日本现在的相扑和柔道。日本的柔道是从柔术发展过来的。在柔术的产生、发展过程中，是陈元斌把中国的少林拳法等武艺同日本原有的拳法相结合，丰富了日本柔道的内容。陈元斌在日本流寓期间的功德行止，对日本文化产生了深刻的影响。

清人以武力入主中原，一直保持着尚武崇战的风气，加之清朝历代皇帝大力提倡摔跤运动，因而"布库之戏"得以广泛传播。所谓"布库之戏"，

第二章 引人入胜的技艺竞技

也即摔跤。摔跤运动由于清代皇帝的大力提倡,满族、蒙族和汉族跤手相互学习,取长补短,使其技术不断提高和完善,最终发展成近代的中国式摔跤。

摔跤的基本功,既有单式练习,又有复式练习;既有徒手练习,又有器械练习。摔跤的基本功不仅是熟练地掌握和提高摔跤技术的重要环节,而且是有效地发展专项身体素质的重要手段。摔跤的技术千变万化,只有全面掌握基本功,才能为掌握摔跤诀窍打下基础。

中国式摔跤是一项对抗性很强的游乐项目,目的是要摔倒对方而自己保持平衡。常言道:"要想摔人,自己必须先会倒地。"就是说,练习摔跤要先学会倒地的功夫,才能避免受伤,做到自我保护,同时锻炼身体能经受震动,发展灵敏、协调等身体素质。在练习倒地功时,必须注意倒地时,身体接触地面的面积要大;倒地时要憋气、团身,全身紧张,以免内脏受到震动;手撑地时手指稍向里扣,屈肘;被摔倒时要及时松手,以防砸伤。倒地功的内容有前倒、左前倒、右前倒、左后倒、右后倒、后倒、直立前倒等,在整个动作过程中,要抬头、憋气,全身紧张用力。

在比赛中,中国式摔跤根据使用动作的质量和倒地的情况,得分标准有四种,即一分、二分、三分和互不得分。进攻分为有效和无效,如在比赛区内使用动作将对方摔倒在保护区,判进攻有效;在比赛区内将对方摔倒在地后,自己踏入或跌入保护区,则进攻有效;对方倒地与进攻者踏入保护区同时发生,仍判进攻有效;在对方倒地之前,进攻者踏入保护区,则判进攻无效;在使用动作的过程中,进攻者在比赛区,对方在保护区被摔倒,判进攻有效;使用踩脚、抓裤等动作将对方摔倒,判进攻无效;裁判员发出"停"的口令后,再进攻无效;将对方摔倒和哨声、锣声同时发生,判进攻有效;如在倒地之前,鸣哨或鸣锣,则判进攻无效。

犯规及处罚的情形是,当运动员使用规则上不允许的犯规动作时,裁判员应根据犯规的程度,给予处罚。犯规在规定中,分侵人犯规和技术犯规两种。侵人犯规是指使用反关节动作有意伤害对方者;以手、肘、膝、头撞击对方或抓对方的生殖器者;用脚尖踢对方或用脚蹬踹对方者;用脚踢、弹对方小腿中部以上者;按压对方眉口之间的面部、咽喉或抓对方头发者;两手抱握对方头、颈者;将对方摔倒后,故意压砸对方者;将对方扛起后,对方已失去控制能力时,使其头朝下垂直摔下去,有意伤害对方者等。技术犯规

是指场上裁判员发出"开始"的口令前或发出"停"的口令后，进攻对方者；比赛进行中，教练员或助手干扰比赛或到场地内指导运动员；比赛进行中，自行停止比赛者；比赛进行中，由于处于不利情况而要求暂停者；抓对方裤子者。

运动员在比赛中，无论是技术犯规，还是侵人犯规，都应根据其情节轻重，分别给予劝告、警告、取消该场比赛或全部比赛资格的处罚。比如，比赛进行中，运动员或教练员指责裁判员，则根据情节轻重给予该运动员劝告、警告、取消该场或全部比赛资格的处罚；运动员在比赛中，一方犯规，如果对犯规运动员有利时，应立即停止比赛，酌情处理；如果对犯规运动员不利，则不停止比赛，等动作结束后，再中止比赛；如果犯规运动员把对方摔倒则不得分，如果犯规运动员被对方摔倒，应判对方得分。

摔跤在许多少数民族中流行，由于这些少数民族生活习俗不同，故摔跤方法不一，奖惩规定也不同。

云南流行的摔跤，是云南各少数民族喜爱的民间体育活动。他们利用农闲、节日进行摔跤比赛，特别是每年农历六月二十四日"火把节"时，摔跤活动达到高潮。传说很久以前，有两个彝族兄弟看到两只羊打闹，就模仿羊的动作互相摔起来，并规定以双肩或单肩着地为失败。这样，日复一日，年复一年，摔跤活动就流传开了。每次摔跤比赛前，不论是运动员、裁判员还是观众，都弹起民族乐器，唱起民族歌曲，跳起民族舞蹈，欢聚在摔跤场上。对手入场后，双方拥抱，然后双手高举，轻轻下落，表示在比赛中要高高抱起对方，往下摔时则轻轻放下。比赛时赤背袒胸，穿短裤，腰上系一根带子，全身可以搂抱，可以抓腰带，不许抓短裤。把对方摔倒后，可以继续翻滚，直至使对方单肩或双肩着地才算胜一跤。每场比赛采取三跤两胜制。裁判员在地上滚动一次，表示某方胜一跤。比赛不受时间限制，胜者留在场内继续比赛，直至败给对方才退出场外。

很多人在顽童时代都打过架，而摔跤就是成人的"打架"，不过是按照规矩进行的"打架"。在"打架"的后面，蕴藏着人类对于力量、智慧和爱情的向往和崇拜。

闲适益智的棋牌游戏

棋牌是棋类和牌类娱乐项目的总称，主要包括中国象棋、围棋、五子棋、跳棋、桥牌、扑克、麻将等等，古代棋牌类游戏项目可能没有当前我们所玩的项目多，但也是比较丰富的，这些传统娱乐项目也极大丰富了古人的生活。我们知道，棋牌是十分有趣味的娱乐活动，很多人为此废寝忘食，这种过度沉迷于其中的做法是极不健康的，下面，我们一起看看我国古代人是怎样看待棋牌类游戏的。

第一节 博戏

 六博

六博,又作陆博,是一种掷采行棋角胜的古老博戏。六博的出现,比中国象棋要早得多,大约在春秋时期就已经存在了,到了战国时期已相当流行。《楚辞·招魂》中有"菎蔽象棋,有六博些。分曹并进,遒相迫些"的记载,反映出战国前后在荆楚一带已流行着六博棋游艺。《史记·苏秦列传》在描写齐国都城临淄繁荣的景况时,也提到当地许多人在做"斗鸡走狗,六博蹋鞠"的游艺。这些记述表明六博游戏在当时已相当普及了。

秦、汉是我国多种游戏产生和发展的时期,六博在这一时期也得到更加广泛的传播。上至贵族官僚,下至黎民百姓无不乐于此道,成为宫廷和民间喜闻乐见的棋戏之一,并出现了一些与六博相关的有趣故事。《说苑·正谏篇》记载秦初人嫪毐被封为长信侯后,以太上皇自居。在秦王嬴政行冠礼的宴会上,设六博助兴,博戏中嫪毐因管不住自己那三寸舌头,口出狂言,结果是落得满门抄斩。汉代景帝为太子时就喜好六博,一次同吴王刘濞的儿子做博戏时发生口角,竟提起博局砸向吴

六博游戏的棋盘

第四章 闲适益智的棋牌游戏

太子，造成了一场命案，从此刘濞怀恨在心。到景帝登基的第三年，刘濞终于联合楚、赵诸王，以"清君侧"为名举兵叛乱。这些事件，从侧面反映出当时上层王公贵族好为六博游艺的风尚。

晋人葛洪在《西京杂记》中曾记载了这样一件事："许博昌，安陵人也，善陆博，窦婴好之，常与居处。"其间，许博昌创编了一套六博棋的游戏口诀，使得"三辅儿童皆诵之"，后来，又作《六博经》一篇，向后人展示了当时民间对博戏的喜好，以至连京师周围的小孩子都能顺口而歌六博诀。而《六博经》的出现，则是汉代六博游戏发展的又一显证。汉代还出现了一些专以博戏为业的人，这些人被称为"博徒"。如《后汉书·许升娄传》就称"（吴许）升，少为博徒，不理操行"。《盐铁论·授时》亦言当时"博戏驰逐之徒，皆富人子弟"。这种情况一直延续到三国时期，以致出现了因"好玩博弈"而达到"废事弃业，忘寝与食"的地步。

六博最初是一种带有比赛性质的娱乐游艺活动，后来逐渐发展成一种赌博手段。在中国，随着六博赌博化趋势的加强，在博法上原先六筹得胜的计算容量，已远远满足不了博徒心理的需要。人们的注意力及胜负判断已主要集中在掷箸（即掷采）这一步骤上，侥幸心理与求财动机如影随形，"博""赌"渐渐融合结为一体。这样一来，失去了大众的六博在汉代以后逐渐呈衰势，进入晋代后便销声匿迹了。在国外，随着汉代"丝绸之路"的开辟，六博游戏也传了出去，到东晋、十六国时已传至印度。不过，在隋唐以后，传至国外的六博游戏也逐渐消失了。

双陆

在我国古代的博戏中，除了六博以外，还有一种叫"双陆"的盘局游戏曾经风行一时。这种博戏在古代又叫"握槊""长行"，另外还有"波罗塞戏"的别名。关于双陆游艺在中国的出现，有着多种说法。

《事物纪原》一书说，三国时曹魏"陈思王曹子建制双陆，置骰子二"；而《山樵暇语》则认为"双陆出天竺（今印度）……其流入中国则自曹植始之也"。上述二种看法虽在双陆的起源方面相异，但均以汉魏之际作为在中国出现的始发点，表明双陆这一棋戏于三国时已在中国流行了。宋人洪遵著有

内人双陆图

《谱双》一书，其中将双陆分为北双陆、南双陆、大食双陆、真腊双陆等多种制式，其棋盘刻线均不相同。从这一点来分析，双陆当是舶来之品。传入日久，才化入民族文化之中，成为中华古游戏。

双陆传入中国后，流行于曹魏，盛于南北朝、隋、唐以迄宋、元时期。但隋以前的史籍中，谈及双陆者鲜见，到了唐朝，记载才多起来。《旧唐书·后妃传》记载：武三思进入宫中，有一次和韦后打双陆，唐中宗就在一旁为他们点筹。唐代张读的《宣室志》里还记述了这样一个故事：有个秀才一天在洛阳城内的一处空宅中借宿，睡梦中看见堂中走出道士、和尚各15人，排作6行；另有两个怪物出现，各有21个洞眼，其中4眼闪动着红光。道士和和尚在怪物的指挥下或奔或走，分布四方，聚散无常。每当一人单行时，常被对方的人众击倒而离开。第二天，秀才在堂上寻找，结果从壁角中发现双陆子30枚、骰子一对，才明白了原委。从这则故事中，我们看出流行于唐时双陆的大略形制。

在日本，现存有一部叫做《双陆锦囊钞》的书，书中简要地述说了双陆的玩法。日本的双陆是唐朝时传入的，因此，其格式和行棋方法完全照搬唐式。根据书中所述，一套双陆主要包括棋盘，黑白棋子各15枚，骰子2枚。其中棋盘上面刻有对等的12竖线，骰子呈六面体，分别刻有从一到六的数值。玩时，首先掷出二骰，骰子顶面所显示的值是几，便行进几步。先将全部己方15枚棋子走进最后的6条刻线以内者，即获全胜。由于这种棋戏进退幅度大，胜负转换易，因而带有极强的趣味性和偶然性。

宋代，双陆游艺在各地更为普及。当时，北方的酒楼茶馆里，往往设有双陆盘，供人们边品茶边玩双陆。这时的城市中还出现了双陆的赌博组织，

第四章 闲适益智的棋牌游戏

一般在双陆赌博时均设有筹，以筹之多少赌得钱财，外人入赌还有优惠条件，如预先受饶 3~4 筹（胜一局双陆至多得 2 筹）等，可以想见赌博组织中高手的实力。这时的双陆形制与玩法和唐代差别不大；宋末元初人陈元靓在《事林广记》一书中曾刻入了当时流行的"打双陆图"，对双陆的格式、布局有着形象的表现。1974 年，辽宁法库县叶茂台 7 号辽墓中出土了一副双陆棋具。其棋盘长 52.8 厘米，宽 25.4 厘米，左右两个长边各以骨片嵌制了 12 个圆形的"路"标和一个新月形的"门"标。棋子为尖顶平底，中有束腰，高 4.6 厘米、底径 2.5 厘米，共 30 枚，一半为白子，一半施黑漆为黑子。两枚骰子出土时已朽。这副双陆棋具与《事林广记》中的"打双陆图"形制相一致，反映出当时北方的契丹人中也盛行双陆游戏。

双陆在元代属于一种"才子型"的游戏，为文人及风流子弟所喜爱，像诗人柳贯、曲家周德清、戏剧家关汉卿等均有咏颂双陆的佳作传世。及至明、清，双陆仍在上层贵族及仕女中间流传，不过已略呈衰势。在《金瓶梅》《镜花缘》及《风筝误》等小说、剧本中尚有提及。大概是由于象棋的盛行，双陆这一在中国古代流行了 2000 多年的博戏便逐渐地不那么时兴了，以至最终失传。

樗蒲

樗蒲戏是一种比六博的兴起略晚一些的游艺形式，始起于汉末魏初。晋人张华的《博物志》曾有"老子入胡，作樗蒲"的说法，说明樗蒲的出现比六博要晚几百年。汉末繁钦的《威仪箴》中曾有"营梢弄棋，文局樗蒲，言不及义，胜是图"的描述，说明樗蒲问世不久就成了赌具。

樗蒲是在"六博"基础上的改进与变异的结果。这首先体现在掷具上的变化，樗蒲的掷具由六博的 6 枚改变为 5 枚，所以又叫五木、五投或五骰。此外，掷具在制作上也由六博的 6 寸长的箭形改变为小巧得多的 1 寸左右甚至更小，其形状为两头圆滑中间略长的椭圆形，更接近后来的骰子，掷出之后滚动灵活。樗蒲掷具一般用樗木制作，所以叫樗蒲，呈两面体形状，用黑、白两种颜色来区别，有的还刻有牛犊和野鸡图案，可以组成更为丰富多样的齿采图案。同时，樗蒲掷采不在棋枰上，而在一种形状稍大的"杯"中投掷，

95

加之樗蒲外形长圆小巧，掷出之后，圆转灵活，齿采变化万端，更提高了趣味性与偶然性。

另外，樗蒲的棋枰仍然用木制作，但是棋枰上不再绘出行棋曲道，而是用筹码性质的120枚矢（或者360枚矢）排列成行棋的路线，不管用120枚矢也好，360枚矢也行，都按三等分。如果用120枚矢排列棋道，则每节（每组）应排40枚矢。节与节之间留出一定的空隙，这就是"关"，"关"前和"关"后的一枚矢就叫做"坑"，或者叫"堑"。这就是唐人李肇《国史补》中所说的"法三分其子为三百六十，限以两关（两个间隙），人执六马"的意思。所谓"马"就是棋子，玩"樗蒲"的人数一般不超过5人，每人分别执一个颜色的棋子（马）4～20枚。然后按一定的顺序，各人轮流掷采。由于五木的掷具每个都有两面颜色或图案，这样可以出现10组不同的齿采，每种齿采对应着规定的"荚数"，这就是自己的马（棋子）应当移动的步数。齿采有王采（又称贵采，不太容易出现）、氓采（又叫珉采、杂采）的区别。凡是打马（吃掉别人的马）、越关、出坑，都必须要掷出王采才行。

由于参加人数可以达到5人，5人所行之马就有可能在同一位置上相遇。假设是自己的马相遇在同一位置，可以重叠而行。如果遇上别人的马，自己又掷得贵采，就将别人的马打掉。由于樗蒲所用的掷具五木虽然都用黑、白两种颜色来区别，但是有两只在黑面画犊，而在它的白面绘野鸡，这样，用排列组合的方法便可排出其画面组合与齿采、荚数的对应关系。

樗蒲游戏采用五木掷采行棋，齿采的变化多种多样，又在行棋中设置了"关""坑"以及和敌方马相遇的种种可能，由此产生的"出关""越坑""打马"等名目，使樗蒲变得饶有兴味，乐趣无穷，确实能起到怡乐身心，启迪智慧的作用。但是，五木后来的发展开始趋于简单化，舍弃行棋而只保留掷采了。参赛各方只凭手气相遇，只要能掷出王采来，就可以战胜对方，这样自然省却了出关、越关、跳坑、打马之类环节，也就必然导致游戏因素的弱化，娱乐成分的衰减，往往被赌博之徒所偏爱。

据《太平御览》卷七五四中所记，不少人所玩的樗蒲已经没有行棋的内容而只有掷采来角胜负。如《晋书刘毅传》中所记："毅于东府聚樗蒲，大掷，一判，应至数百万。余人并黑犊以还，唯刘裕及毅在后。毅次掷得雉（野鸡），大喜，褰衣绕床，叫谓同座曰：'非不能卢，不事此耳！'裕恶之，

因援五木久之,曰:'老兄试为卿答。'既而四子俱黑,其一子转跃未定,裕厉声喝之,即成卢焉。毅意殊不快。"他们之间的赌博显然只重齿采而不行棋了,并且赌注大得惊人。《世说新语》记载桓温在樗蒲赌博中手气不好,输了很多钱,但不甘心,他便请来了赌场神手袁耽为他捞本钱,这时袁耽虽然还在服丧,但也毫不在意,他本人原来就是嗜赌成性,立即脱下丧服,一同赶赴赌场,对方赢得正来劲,看见袁耽与桓温一道赶来,他只听说过袁耽常胜将军的事迹,却未见过本人,于是对袁说:"你总比不上袁彦道(袁耽字)吧!"于是和袁展开一场竞赌。袁耽和桓温一起大吼大叫,加强心理攻势,果然把桓温输的钱全部捞回来了,还倒赢了不少。

樗蒲,这在中国古代流行时间不长的游艺形式,在后来与赌博结合起来后,竟也在一定程度上古时赌场,出现变幻莫测、风起云涌、大起大落的场面,甚至古人曾相信通过"樗蒲"可卜吉凶贫贱,这在一定程度上反映了存在于中国古代游艺活动中的一些民间迷信习俗。

第二节
棋类游戏

围棋

围棋,亦作围綦或围暮,古称弈,是中国最古老的棋戏之一,相传为尧舜所发明。晋人张华在《博物志》中就说:"尧造围棋以教子丹朱;或曰舜以子商均愚,故作围棋以教之。"尧、舜为传说中的人物,生活年代约相当于我国的原始社会末期。这个说法虽然并不可信,但却反映了围棋的起源很早。

春秋战国时期,围棋在社会上已经相当普遍。如在《论语·阳货》中,

中国古代娱乐
ZHONG GUO GU DAI YU LE

围棋

孔子对他的弟子说："饱食终日，无所用心，难矣哉！不有博弈者乎，为之，犹贤乎已。"意思是说与其整天游手好闲，还不如去玩玩博戏，下下围棋。当时，还涌现出了一些著名的棋手，如弈秋，据《孟子·告子上》记载："今夫弈之为数，小数也；不专心致志，则不得也。弈秋，通国之善弈者也。使弈秋诲二人弈，其一人专心致志，惟弈秋之为听。一人虽听之，一心以为有鸿鹄将至，思援弓缴而射之，虽与之俱学，弗若之矣。"这段记载反映了当时的围棋水平已经相当高，弈秋是人们所公认的围棋高手，大概也是专门教棋的棋师。围棋理论发展也很快，《尹文子》说："以智力求者，喻如弈棋，进退取与，攻劫放舍，在我者也。""进退取与，攻劫放舍"是围棋术语，这说明当时已经形成围棋的基本术语与着法。当时人们还喜欢以围棋来譬喻处世哲理，如《左传》襄公二十五年（前548年）记载太叔文批评宁喜说："今宁子视君不如弈棋，其何以免乎？弈者举棋不定，不胜其耦，而况置君弗定乎？必不免矣。""举棋不定"这个成语即来源于此。

到秦汉时期，围棋继续流行。汉代帝后宫人都非常喜欢下围棋，汉初戚夫人的侍女贾佩兰说：宫中流行于八月四日"出雕房北户，竹下围棋，胜者终年有福，负者终年疾病，取丝缕，就北辰星求长命乃免"。将下围棋与求祸福联系在一起，这也算是汉宫寂寞的宫人们苦中作乐的一大"发明"吧。汉景帝也喜欢围棋，在其阳陵南阙门遗址中曾发现过纵横17道的陶制围棋盘，这说明西汉时期围棋形制已较为复杂。汉武帝也非常喜欢下围棋，传说他在甘泉宫时，有玉女降临，经常与他一起下围棋娱乐。

西汉时期的著名棋手为关中杜陵人杜夫子，号称"天下第一"。有人嘲笑他下棋浪费时日，他却说，精通棋道的人，足以对治道有很大的帮助。对围棋能有这样的见地，难怪他能够成为"天下第一"的高手。

东汉时期，围棋继续发展。桓谭在《新论》中说：围棋手分上、中、下三等，说明在汉代喜欢围棋的人很多，并且经常举行围棋比赛，所以才会开

第四章 闲适益智的棋牌游戏

始出现棋手的分级现象。在现代考古中,也发现了许多有关围棋的文物,如在河北望都东汉墓中出土的汉代石制围棋盘,纵横各17道;在安徽亳州东汉墓出土的石制方形围棋子,与传统的圆形围棋子有所不同。这一时期还涌现出来了许多围棋专论,如著名史学家班固有《弈旨》说:"北方之人,谓棋为弈……局必方正,象地则也,道必正直,神明德也,棋有白黑,阴阳分也,骈罗列布,效天文也,四象既陈,行之在人,盖王政也……上有天地之象,次有帝王之治,中有五霸之权,下有战国之事,览其得失,古今略备。"他把围棋的作用提高到可以借此理解宇宙与人事的高度,也只有文人士大夫才会生发出如此深奥的想法。

魏晋南北朝时期围棋取得了较大的发展,围棋活动更加普及,围棋高手不断涌现,围棋规则更为成熟,围棋著作层出不穷。这一时期由于玄学兴起并流行,围棋活动也因其格调高雅、奥妙无穷而被雅称为"手谈"或"坐隐"。

汉魏之际,弈风甚盛,涌现出来了一批围棋高手,据晋人张华《博物志》记载:"冯翊山子道、王九真、郭凯等善围棋,太祖(曹操)皆与埒能。"这说明曹操也是位弈林高手。魏文帝曹丕、任城王曹彰以及卞后也都喜欢弈棋。曹彰被曹丕毒死之前,还在卞太后房中与曹丕一起下棋。"建安七子"中有好几位精通棋道者,如应玚是一位深明弈道的高手,他著有《弈势》曰:"盖棋弈之制所尚矣,有像军戎战阵之纪。"他从历史上一些著名的军事家和战争实例来论述围棋阵势,指出弈道与用兵之道是有相通之处的,只有对围棋有着深刻理解的弈林高手才会有如此的领悟。王粲也是一位围棋高手,而且记忆力超强。据《三国志》卷二十一《魏书·王粲传》记载:"观人围棋,局坏,粲为覆之。棋者不信,以帕盖局,使更以他局为之。用相比较,不误一道。"他还作有《围棋赋序》,称赞围棋:"清灵体道,稽谟玄神。"当时儿童也有精通围棋者,据《魏氏春秋》记载:孔融被杀时,他的两个儿子年方八岁,"时方弈棋,融被收,端坐不起。左右曰:'而父见执,不起何也?'二子曰:'安有巢毁而卵不破者乎!'"结果两个儿子也一起被害。成语"覆巢无完卵"就来源于这个故事。

两晋时期,也有许多围棋爱好者,如晋惠帝太子好弈棋,宠臣贾谧"常与太子弈棋争道"。军咨祭酒祖纳"好弈棋",常以之为"忘忧"之道。当时名士经常聚饮围棋,如裴遐下棋非常专注,他曾因与人下棋而没有顾得上理睬敬酒者,结果被拽倒在地,但他居然面不改色,爬起身来,回到座位上,下棋

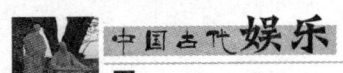

如故。又如袁羌与人下围棋，殷仲堪前往观战，仲堪观棋时，"问袁《易》义，袁应答如流，围棋不辍。袁意傲然，殊有余地，殷撰辞致难，每有往复"。

"王谢世家"与围棋

东晋门阀士族中喜欢围棋的人也很多，其中以所谓的"王谢世家"为代表。如王导父子就爱好围棋，王导曾与其长子王悦弈棋争道，次子王恬的棋技更高，号称"中兴第一"。谢安、谢玄叔侄也爱好围棋，孝武帝太元八年（383年），前秦主苻坚亲率大军南下伐晋，晋廷以谢安主持御敌大事。军机紧急之际，谢安却会集亲朋，与即将开赴前线的谢玄下围棋赌别墅，并赢了棋艺比自己高的谢玄。谢玄破敌后，捷报飞送谢安。谢安正在与客人下围棋，看过捷报后，便不动声色地随手放在床上，若无其事地继续下棋。

两晋时期还流传着一则关于围棋的神仙故事：王质入山伐木，见二童子在下围棋，坐观之。及起，斧柯已烂尽。后人据此创作出许多诗文。

到唐代，围棋进一步趋于科学、合理、定型，进入了成熟阶段。由于围棋是一项比赛智力和毅力的娱乐活动，变幻多端，高深莫测，竞技性和趣味性极强，所以成为唐代棋类活动中最为流行的一种，深受社会各阶层人们的喜爱。

象棋

中国象棋是一种很古老的棋类游戏。但有关于象棋的起源，历来众说纷纭，有人归纳了6种说法：舜创始说、周武王创始说、先秦创始说、汉代创始说、韩信创始说、印度传来说。其中以"创始于先秦时代说"的影响较大，

第四章 闲适益智的棋牌游戏

这种观点认为：象棋棋局中的"将（帅）、车、马、士、卒（兵）"这几个子，显然是先秦时代的遗制。战国以前，中原作战主要是使用战车；战国时是车、骑并重，同时春秋战国时代的军队中有甲士、徒卒（或徒兵）的编制。象棋正是形象当时兵制的一种棋类游戏。另外，在反映战国时代生活的文献中已出现了"象棋"之名。如屈原《楚辞·招魂》说："蓖蔽象棋，有（又）六簙些。分曹并进，遒相迫些。成枭而牟，呼五白

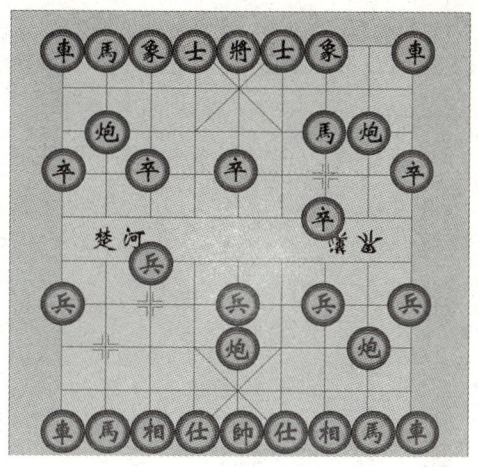

象棋

些。"这里提到了"象棋"和"六博"两种游戏。又汉代刘向在《说苑》中也说："雍门周谓孟尝君，足下燕则斗象棋，亦战斗之事乎！"说明战国时期已有"象棋"之戏。但是，这种象棋与后来流行的象棋究竟是不是一回事，还不好轻易下结论。总之，在战国以后相当长的时期内象棋一直处于发展演变过程中，到宋代以后中国象棋才逐渐定型。

北周隋唐时期，出现了一种"象戏"，有人认为这种游戏就是后来中国象棋的雏形。关于"象戏"，据说是北周武帝创立的。据《周书》卷五《武帝纪上》载："天和四年（569年）五月己丑，帝制《象经》成，集百僚讲说。"这部书在《隋书》卷三十四《经籍志三》著录为一卷，同时著录的还有王褒注的《象经》一卷、王裕注的《象经》三卷、何妥注的《象经》一卷以及佚名《象经发题义》一卷等。这些书都被列于子部兵家类，可见象戏与军事活动有密切关系。可惜的是这些书现在都已经失传了，只有王褒作的《象经序》和庾信作的《象戏赋》还能够见到。但是这两篇序、赋所敷陈的都是象戏所象征的一些天文、地理、阴阳、四时、五行、律吕、八卦、忠孝、君臣、文武、礼仪、观德之类的内容，从中基本上看不出有关这种游戏的规制及其玩法。另外，隋文帝杨坚在早年也曾提到过这种游戏，据《隋书》卷六十六《郎茂传》记载："高祖（隋文帝杨坚）为亳州总管……时周武帝为《象经》，高祖从容谓茂曰：'人主之所为也，感天地，动鬼神，而《象经》

多纠法,将何以致治?'"从这段记载中也搞不清楚这种游戏的具体内容。

唐后期,象戏当更为流行,大诗人白居易在《和春深》诗中就说:"何处春深好,春深博弈家……鼓应投棋马,兵冲象戏车。"在这首诗中提到象棋中的"兵、车、马、象"等几个棋子,说明这种象戏已经具有后代象棋的一些基本特征。当时,在城市中已经出现了专门经营赌馆的店铺,而象戏显然也是这些赌馆供给赌徒们赌博所用的赌具之一。柳宗元在《龟背戏》诗中也提到象棋云:"修门象棋不复贵。"这表明到唐中期,象戏(棋)已经成为一种颇受欢迎的棋类游戏。

弹棋

弹棋是汉唐以来非常盛行的一种棋类游戏。关于弹棋的起源,向来说法不一。一说弹棋是神仙发明的。汉武帝好蹴鞠,群臣不能谏,侍臣东方朔进此戏,于是武帝舍蹴鞠而尚弹棋;一说弹棋是西汉时人刘向发明的。汉成帝好蹴鞠,"群臣以蹴鞠为劳体,非至尊所宜。帝曰:'朕好之,可择似而不劳者奏之。'家君(即刘向)作弹棋以献";一说弹棋是源自曹魏时后宫宫人玩的一种"妆奁戏"。然而这些说法都不足为凭。

综合多方面史料来看,弹棋在西汉时期就已经出现,在汉武帝时,成为宫中流行的一种游戏。到西汉末年,天下大乱,弹棋才从宫中流散到民间。到东汉章帝时,弹棋盛极一时。东汉安帝时,乐成王在居丧期间,"弹棋为戏",受到朝廷的责备。顺帝时,外戚梁冀喜好弹棋,"暑夏之月,露首袒体,惟在樗蒲、弹棋,不离绮繻纨袴之侧"。但到冲帝、质帝以后,弹棋忽然一度中绝;献帝时,曹操挟天子以令诸侯,对宫人的管束很严,所有博弈棋具一律不许进入宫中。宫人们便模仿弹棋之戏,以金钗玉梳戏于妆奁之上。

到曹魏时期,魏文帝好弹棋,他曾在《典论·自叙》中说:"余于他戏弄之事少,所喜惟弹棋,略尽其巧,少为之赋。昔京师先工,有马合乡侯、东方安世、张公子,常恨不得与彼数子者对。"在他的提倡之下,弹棋之风又开始盛行。据《弹棋经后序》说:"及魏文帝受禅,宫人所为,更习弹棋焉。当时朝臣名士,无不争能。"魏文帝曹丕的弹棋技艺非常高超,别人弹棋用箭或手,他却能用手巾角。但还有比他技艺更高的,据《世说新语·巧艺第二十

第四章 闲适益智的棋牌游戏

一》记载:"弹棋始自魏宫内用妆奁戏。文帝于此戏特妙,用手巾角拂之,无不中。有客自云能,帝使为之。客著葛巾角,低头拂棋,妙逾于帝。"

弹棋与一般角智类的棋类游戏规则不太一样,关于早期弹棋的具体玩法,今已不能确知。但从以下这些文献记载,我们可以揣摩出这种游戏的

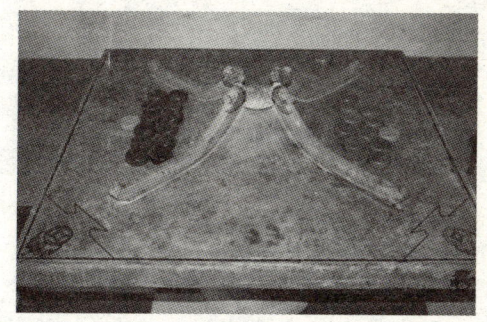

弹棋棋盘

大概样子。东汉末年,蔡邕在《弹棋赋》中说:"夫张局陈棋,取法武备。因嬉戏以肄业,托欢娱以讲事。设兹矢石,其夷如砥。采若锦缋,平若停水。肌理光泽,滑不可履。乘色行巧,据险用智","荣华灼烁,萼不铧铧。于是列象、雕华、逞丽、丰腹、敛边、中隐四企、轻利调博。易使驰骋,然后筏挈。后棋夸惊,或风飘波动,若飞若浮。不迟不疾,如行如留。放一弊六,功无与俦。"曹魏时人邯郸淳在《艺经》中也说:"弹棋,二人对局,黑白棋各六枚。先列棋相当。下呼,上击之。"唐人段成式在《酉阳杂俎》续集卷四"贬误"中说:"《座右方》云:白黑各六棋,依六博棋形(一云"依大棋形"),颇似枕状。又魏戏法,先立一棋于局中,余者斗,白黑围绕之,十八筹成都。"从这些记载中可以看出,弹棋是一种双人棋类游戏。弹棋的棋盘大约呈方形或长方形,是用非常光滑的石头制成的,中间隆起,四外低平,两端各有一个虬龙盘成的圆洞。棋子由硬木或象牙等物制成,共黑白12枚,每方各6枚。下棋双方各占一边,将棋子摆好,并在棋盘上洒滑石粉,以加速棋子的运行。弹棋或用箭"击"(或"破"),或用手弹,根据对方所摆棋势,采用报、拔、捶、撇等技术,弹开对方的棋子,将自己的棋子弹入对方圆洞,同时调动自己的棋子,布下阵势,阻止对方棋子攻入。先将6枚棋子全部弹入对方洞中者为获胜方。

弹棋是一种非常高雅的游戏,它不同于樗蒲掷彩赌博游戏,"不游乎纷竞诋欺之间,淡薄自如,固趋名近利之人多不尚焉。盖道家所为,欲习其偃亚导引之法,击博腾掷之妙,以自畅耳"。古人还赋予这种游戏以种种美德。如梁简文帝《弹棋论序》说:"故古人或言之礼乐,或比之仁让,或喻以修身,或齐诸道德,良有旨也。"所以在魏晋南北朝时期,弹棋在上层社会非常流

行。南朝刘宋人苑景达、孔琳之、杜道鞠等都"善弹棋";南齐沈文季,"尤善簺及弹棋"。梁元帝写过《谢东宫赐弹棋局启》。北周王褒写过《弹棋》诗曰:"投壶生电影,六博值仙人。何如镜奁上,自有拂轻巾。"作者借用了魏宫典故,认为投壶与六博都不如弹棋精妙,可见当时士人对这种高雅的游戏颇为情有独钟。

关于弹棋的具体行棋步骤和玩法,由于年代久远,早已失传,今天我们只能从相关的记载中大致了解其一二。据张廷珪《弹棋赋》描述:"观其弹射万变,精妙入神。口与心计,行随意新。作气者直抟乎九天之上,犹檀乐而旁击;受敌者横坠乎九地之下……竞缘局而斜衡,争隔矢而曲取。既向角而散乱,复当中而攒聚。"阎伯玛《弹棋局赋》也说:"工人创器,轨物备叙;丰腹上圆,颓根下矩。凭陵衡隧,掬算师旅;发号启行,兵綦迭举。赴纵奔电,影乱飘风;左倚右角,为枭为雄……长斜矫矫,犹翰音之登天……连连搏漠,必成其雁行;历历登垄,何异乎鱼贯?"从这两段记载中可以看到,弹棋是一种非常讲究技巧的游戏。唐人视弹棋如同军事战阵,弹棋者双方相对布阵,行棋时可以沿着棋局四边斜着击棋,形成"雁行""鱼贯"之势,最后的胜者应击落对手全部棋子。

第三节 牌类游戏

 **叶子戏**

相传早在秦末楚汉相争时期,大将军韩信为了缓解士兵的思乡之愁,发明了一种纸牌游戏,因为牌面只有树叶大小,所以被称为"叶子戏"。"叶子

第四章　闲适益智的棋牌游戏

牌",长 8 厘米,宽 2.5 厘米,牌身丝绸及纸裱成,图案是用木刻版印成的。据说这就是扑克牌的雏形。

12 世纪时,马可·波罗把这种纸牌游戏带到了欧洲,立刻引起了西方人的极大兴趣。一开始,它只是贵族们的奢侈品,但是因为它造价低廉、玩法多样,又容易学,很快就在民间流行开来。

叶子牌

叶子戏在我国有很长的历史,至清代,样式及打法已基本完善,并有逐渐演变至马吊牌的说法。因此,李约瑟博士在《中国科学技术史》中,将桥牌的发明权归于中国人。法国的学者莱麦撒也说:"欧洲人最初玩的纸牌,以形状、图式、大小以及数目,皆与中国人所用的相同,或亦为蒙古输入欧洲。"美国《纽约时报》桥牌专栏主编艾伦·特拉克斯特甚至有中国是桥牌的故乡一说。叶子戏于元代传到西方,变化成了塔罗牌及现代扑克,而在中国,则逐渐变成麻将及牌九。

相传我国汉代就出现了一种叫做"叶子戏"的纸牌游戏。相传是大将军韩信为了减轻出门打仗的士兵的乡愁,在军中发明了"叶子戏",供士兵娱乐用,因其只有树叶大小,故称之为叶子戏。

叶子戏的玩法是依次抓牌,大可以捉小,与西方纸牌是一脉相通的。牌未出时反扣为暗牌,不让他人看见;出叶子后一律仰放,由斗者从明牌去推算未出之牌,以施竞技,和扑克牌的打法相差无几。

叶子戏是世界可考的最早的古代扑克牌雏形。唐代中期,开始有了关于叶子戏的文字记载。唐人苏鹗在《同昌公主传》中对叶子戏有过详细描述。唐代一位叫叶子青的人还撰写了一部叶子戏专著《叶子格》,详细记载了叶子戏的玩法,说明纸牌发展到那个时期已相当成熟。

中国的叶子戏大约在 13 世纪传入欧洲。经过数百年的演变,融合了中外各国的纸牌游戏,才逐渐形成了今天国际公认的纸牌模式——扑克牌。

另外,早期各国扑克的张数是不一样的,比如意大利扑克是 22 张,德国

32张,西班牙40张,法国52张。现在通常见到的54张扑克由1392年法国开始出现的52张扑克的模式,外加大、小王发展而来,后来各国扑克都逐渐统一为现在的54张。

我国的叶子戏以天文历法为基准,牌分"以、像、四、时"4类,与扑克中的4种花色同出一辙。

关于叶子戏的记载,最早见于唐人苏鹗的《同昌公主传》,内有"韦氏诸宗,好为叶子戏。"的记载,并且到了五代时期,记载纸牌戏的书已经大量涌现,著名的有《偏金子格》《小叶子格》《击蒙叶子格》等等。

马吊

马吊,也称马吊牌,是明代比较流行的一种饮茶时玩的纸牌游戏。明天启年间,马吊牌本来作为游戏的附属品筹码,经过逐渐演变,成为一种新的戏娱用具。马吊牌较一般纸牌大,有雕版绘画。全副牌有40张,分为十万贯、万贯、索子、文钱4种花色。其中,万贯、索子两色是从一至九各一张;十万贯是从20万贯到90万贯,乃至百万贯、千万贯、万万贯各一张;文钱是从一至九,乃至半文(又叫枝花)、没文(又叫空汤)各一张。十万贯、万贯的牌面上画有《水浒》好汉的人像,万万贯绘有宋江,意即非大盗不能大富。索子、文钱的牌面上画索、钱图形。

马吊牌的玩法,一般由4人打,每人先取8张牌,剩余8张放在桌子中间。4人轮流出牌、取牌,出牌以大击小。打马吊牌有庄家、闲家之分。庄无定主,可轮流坐。因而3个闲家合力攻击庄家,使之下庄。"马吊之法,三人同心,以攻一桩。"吊牌要注意巧合,即"牌无大小,只要凑巧"。不要孤吊一张,"一牌死,二牌生"。

在明末清初马吊牌盛行的同时,由马吊牌又派生出一种叫"纸牌"(也叫默和牌)的戏娱用具。纸牌也是供4人打,由纸制成的牌长2寸许,宽不到1寸。纸牌开始共有60张,分为文钱、索子、万贯3种花色,其三色都是一至九各两张,另有幺头三色(即麻将牌中的中、发、白)各两张。斗纸牌时,四人各先取十张,以后再依次取牌、打牌。三张连在一起的牌叫一副,有三副另加一对牌者为胜。赢牌的称谓叫"和"(音胡)。一家打出牌,两家乃至

三家同时告知,以得牌在先者为胜。这种牌戏在玩的过程中始终默不作声,所以又叫默和牌,作为马吊牌起源之地的昆山则称之为"闭口叶子"。江苏吴县人冯梦龙曾著《马吊牌经》,强调打牌的人格:"未角智,先炼品。毋多言,毋舞机,毋使气,毋堕志,毋侥幸,毋阴嫉。得勿骄,失勿吝,大败勿恋,大胜勿劫。其争也君子,斯为美。"

其后,人们感到纸牌的张数太少,玩起来不能尽兴,于是把两副牌放在一起合成一副来玩,从此纸牌就变成120张。在玩法上,除了三张连在一起的牌可以成为一副以外,三张相同的牌也可以成为一副。也就是说,上手出的牌,下手需要还可以吃、碰。这时牌的组合就有了"坎"(同门三张数字相连)、"碰"(三张相同)、"开杠"(四张相同)。此时的纸牌又叫"碰和牌"。《红楼梦》第四十七回"呆霸王调情遭苦打,冷郎君惧祸走他乡"中,贾母、薛姨妈、王熙凤等斗的就是碰和牌。书中写道:

鸳鸯见贾母的牌已十成,只等一张二饼,便递了暗号与凤姐儿。
凤姐正该发牌,便故意蹉跎了半晌,笑道:"我这一张牌是在薛姨妈
手里扣着呢,我若不发这一张牌,再顶不下来的。"

二饼就是二文,文字门在马吊中已绘成圆饼状(见明潘之恒《叶子谱》),这里正是一个发出顶牌的例子。与此同时,骨牌中也出现了一种"碰和",将21种牌色每种5张合成一副,并且有了开杠、自摸加倍、相公陪打、诈和受罚等规定。骨牌的这些打法和术语也由纸牌接受、继承下来。

清代康熙年间,士大夫仍然喜欢玩马吊,并与赌博结合,尤侗著《戒赌

马吊牌

文》载："今有甚焉，打马斗虎，群居终日，一班水浒。势如劫盗，术比贪贾。口哆目张，足蹈手舞。"清代马吊玩法承袭明制，乾隆时逐渐禁止马吊游戏，但此戏并未真正禁绝，反倒以马将（麻将）的形式在民间宴饮及其他娱乐活动中流行。

清末，纸牌增加了东、南、西、北四色风牌（每色4张），也即将牌，所以马吊牌又被称为马将牌，江南人称之为麻雀牌，把打马将称为"叉麻雀"。据《清稗类钞》载，"麻雀，马吊之音转也。吴人呼禽类如刁"。那时人们最常用的桌子是方桌，又叫八仙桌。八仙桌的名称是从就餐时可以坐8个人得来的。用于打牌时总是面向一方，这就限制在一方里不能坐2个人，逐渐地形成了玩牌由4人来玩的习俗，4人各坐一方。人们还从四方得到了启发，在纸牌中增加了东、南、西、北风。至于三元牌中、发、白的增加，可能是人们对升官发财的向往。中就是中举（中解元、中会元、中状元，称为中三元），发即发财，中了举，做了官，自然也就发财了。白板可能是空白、清白之意。后来人们发现在玩麻将时常常把牌拿完了，也没有人做成牌，感到扫兴。为弥补这个缺憾，于是又增加了听用。最初的听用只增加两张，逐渐发展增加为更多的张，直到发展为有绘的麻将牌。但由于纸牌的数量一多，在取、舍、组合牌时十分不便，人们从骨牌中受到启发，渐渐改成竹制、骨制，把牌立在桌上，打起来就方便了。

麻将

麻将，又称"麻雀牌"，也叫"雀牌"，是由马吊博戏变化、发展而来的一种牌游艺。清代徐珂在《清稗类钞·赌博类》中有着这样的记载："麻雀，'马吊'之音之转也。吴人呼禽类如'刁'去声读，不知何义。则麻雀之为马吊，已确而有征矣。"也就是说，麻将是由马吊牌丰富和发展而来的，但是，把"麻雀"与吴人呼禽类的声音搞在一块，似乎牵强些。一般而言，"麻"字可能是马吊牌之"马"字的音转，并直接从先于麻将的"麻雀纸牌"承续下来；"将"字是因为玩法规定，在一副牌中必须有两张同样的牌组成的一副对子，这副对子叫"将"牌，二者合之，遂有"麻将"之称。

关于麻将游艺出现的具体时间，近人杜亚泉先生在《博史》里曾有过这

第四章 闲适益智的棋牌游戏

样的考证:"马(麻)将牌始于何时,不能确定,但当较默和牌略后。默和牌始于明之末造,则马(麻)将牌之改作当在明亡之后矣。相传谓马(麻)将牌先流行于闽粤濒海各地及海舶间,清光绪初,由宁波江厦延及津沪商埠。大约明亡以后,达官贵胄及其宗亲子弟,各奔于浙闽两粤之海上,故流传此牌……此时已改制骨牌,且加梅兰竹菊,琴棋书画等花张称为花马麻将,逐渐流行,由津沪波及全国,盖已五十余年矣。"由此可见,麻将牌的出现大约在明末清初。

从唐代的"诗板"、宋代的"诗牌"延续发展而成了"宣和牌",宣和牌用牙、骨雕刻。一旦把纸绘的"马吊""纸牌"变为骨制,那么,麻将也就规模初具了,换句话说,麻将牌是骨牌和纸牌化合之后的新品种。缘乎此,我们在麻将中每每发现它所遗留的前代博戏的痕迹。这种痕迹除去上面所述万子、索子、筒子之外,在辅牌和其他游具上也反映出来。在宣和牌中,有一对牌叫"至尊",民间呼为"皇上",由"一二""二四"两张骨牌合成。麻将牌继承其实质内容,并把它以新的形式反映出来,就成了"王"牌,借称"皇上"。有皇上岂可无将相?于是又衍出"宝鼎""将""相",久之,化繁为简,干脆将"宝鼎"、将、相刻成香炉、猫、狗三种形象,统称之为四张王牌。

麻将牌中用两枚骰子,毋庸讳言,它更是前代博具的直接搬用。

除此之外的"三箭""四风""季花"等辅牌都是麻将牌的新增牌色,这些则体现了麻将对前代博戏的发展。

麻将牌的玩法同样显现着它与前代博戏的继承、发展关系。麻将牌的玩法、战术等十分复杂,但其基本的游戏方法大体如下:

需四人合玩,缺一不可,一人一个方位,为东、南、西、北。四人中有一人为庄,称为庄家。决定东、南、西、北的方位以及庄家归属,在麻将中叫"班位",班位通过掷骰子而定。比较简单的方法是:不管是谁取骰子一掷,两枚合计点数为五、九点时自家作东;掷得三、七、十一则对家作东;掷得二、六、十,右边的人作东;掷得四、八、十二,则左手作东。坐东者亦即庄家。再按顺时针方向排出南、西、北三位。无论输赢,庄家所得分数都是其他人的两倍。

座次排定,即可砌牌了。每人摆三十六张牌,两张一对,共十八对,上

下两层。三十六张牌摆成"一"字形,四人合成一个四边形。

接着就可以切牌。简单的切牌法为:庄家掷骰子,按所得点数从自家数起,数到哪一家时,就从哪一家面前的牌墙上切牌,比如庄家掷得七,那么要从对家的牌墙上开始切牌。需从这个牌墙上从右至左数过七位,从第八对牌切起,按逆时针方向依顺序取牌。每人每次取两对四张牌,轮取三次后,庄家带头再各取一张,平均每人十三张牌。庄家作为首家再取一张,为十四张牌。

牌抓齐后,接着便开始吃牌、抹牌、打牌、碰牌,总谓之行张。通过这些办法,尽快将自己手中的牌编成四套加一个对子,成者就算"和"。所谓"四套",就是有四组这样的牌,它们或接点数联为三张,算一套;或三张相同的牌,亦算一套,这类套数共有四组。一副对子又叫"将",也就是两张同样的牌。

知识链接

慈禧太后与麻将趣事

麻将游艺在流传过程中,也留下了许许多多耐人寻味的故事。清代,麻将游艺盛行于宫中,慈禧太后就是麻将桌上的常客,而陪同的桌友多是福晋(亲王或郡王之妻)和格格(皇族的小姐)们。打牌时,慈禧太后身后的两名宫女不时发出暗号,其余三家便争相送出她所需要的牌张。不久和了牌,三家照例离席庆贺,叩头递上所输的赌资求太后"赏收",随即乘机跪求司、道的美缺,结果是一本万利。一牌桌上的脏脏勾当,当然决不止此。清代社会上盛行方城大战后,麻将得了个"竹林戏"的佳名,打麻将又叫做"看竹"。原来,《世说新语》记王羲之的儿子王徽之爱竹,说"何可一日无此君",借到麻将上,意思就是一天都缺它不了。清末宫中赌风大炽,甚而一底(桌上一方筹码的总数)就狂赌五万两银子。

第五章

雅俗共赏的投射猜谜类游戏

中国古代的娱乐活动可以说远远不如近现代丰富,但是也是比较丰富多彩的,其中也不乏一些雅俗共赏的娱乐项目和游戏,本章重点介绍了我国古代投射、猜谜以及一些室外运动与游戏,反映了我国古人的丰富多彩的生活和各种娱乐项目和活动的发展源流,可谓是妙趣横生。

第一节 投壶与藏钩

 **投壶**

投壶是先秦时期宴会上的一种助兴游戏，它用酒壶当箭靶，用棘木代箭，利用手的投掷，从一定距离上击中壶口，进入壶体。先秦时期的人们经常在宴会上比试射箭，然而射箭必须要有相应的场地，为了更加方便娱乐，那时的人们发明了投壶游戏，既能模仿射箭，又简便易行。早在春秋时期，投壶已流行于各诸侯国之间，从诸侯国之间大规格的会盟聚宴，到小范围的饮酒对酌，都能见到投壶的场面。投壶作为一种酒场游戏，很早便进入了席间娱乐的领地。

《左传》中描述了晋昭公宴请齐景公时所行的投壶礼："晋侯以齐侯宴。中行穆子相。投壶，晋侯先，穆子曰：'有酒如淮，有肉如坻。寡君中此，为诸侯师。'中之。齐侯举矢曰：'有酒如渑，有肉如陵，寡人中此，与君代兴。'亦中之。"即晋昭公和齐景公举行宴会，中行穆子相礼，以箭投入壶中为乐，晋昭公先投，穆子说："有酒像淮流，有肉像高丘，寡君投中壶，统率诸侯。"投中了。齐景公举起矢，说："有酒如渑水，有肉像山陵。寡人投中壶，代君兴盛。"也投中了。晋侯想以投中作为称霸的征兆，看到齐侯也不甘示弱，晋国的大夫很不高兴，齐侯只好赶快退席。这段记载说明早在春秋时代投壶就已经出现了。

投壶游戏

第五章　雅俗共赏的投射猜谜类游戏

郑玄在解释投壶时认为："投壶者，主人与客燕饮，讲论才艺之礼也。"

到了战国时期投壶开始盛行。据《史记·滑稽列传》记载，淳于髡对齐威王说："若乃州闾之会，男女杂坐，行酒稽留，六博投壶，相引为曹，握手无罚，目眙不禁，前有堕珥，后有遗簪，髡窃乐此，饮可八斗而醉二参。"表明当时的投壶已成了一种普遍的宴饮游戏。

《礼记·投壶》说投壶是一种古礼，是古代待客娱宾的一种方式。投壶前，要指定一个"司射"，其职责如同今日各项比赛中的裁判一样。设置司射是用来计算成绩的"中"和算筹，筹即箭，"中"是盛放算筹的器具，刻置成跪伏之形，背上可容八算。投壶时，先由主人奉矢，司射奉中，派人拿着壶，到来宾面前，请宾客持箭投壶。主人恭词相请，说家中备有"枉矢哨壶"，藉以乐宾，"敢固以请"。"枉矢哨壶"自然是一种自谦的说法，是指粗鄙简陋的壶和箭。壶的形状类似今天的花瓶，广口大腹，颈部细长，壶高一尺二寸，壶口直径二寸半，腹径九寸有余，容积是一斗五升。壶内装上小豆粒，以防止矢投进后被弹出来。矢是用丛生灌木柘或棘的不去皮的枝条制成，这种木材重而且直，投起来不致飘浮。矢的一头截齐，一头削尖。矢的长度以"扶"为单位计算，宽四指为一扶，约合汉制四寸。矢有五扶、七扶、九扶三种规格，折合二尺、二尺八寸、三尺六寸，分别在室内、堂上和庭中使用，场地越大，用的矢也越长。

壶放置在与主宾席距离相等的位置，一般约距投者的坐席二矢半。因为矢的长短不一，所以这二矢半的长度也不等，分别为五尺、七尺、九尺。投壶开始前，主人捧着矢，对客人说："我有不直的矢、歪口的壶，请允许我用它供来宾娱乐。"客人要推辞说："您既用美酒佳肴款待我们，又要加上余兴，真不敢当。"主人再邀请，客人再推辞，如此反复三次，客人才从主人手中接过矢来，然后就席。这时主持投壶的司射走上前来，经过测量，把壶放在距离坐席二矢半的地方。再摆上一个称为"中"的计分器，中是用木头雕制的，形状像一头伏着的兕或鹿，背部凿成圆洞，里面盛着称为"算"的计分筹码。然后从中里取出八支算，向宾客宣布投壶的规则，并吩咐乐队演奏《狸首》的乐曲。一切准备停当，宾主就开始配合音乐的节奏投壶了。

投壶的办法与射箭大同小异。也是先把人分成两队，宾客为一队，在右边投；主人和子弟为一队，在左边投，每人投四矢。奏乐每次奏五遍，第一遍是

113

序曲，只听不投。第二遍奏完，鼓声响起，宾主交替各投一矢。然后奏第三遍，再击鼓交替投矢。乐曲奏完五遍，每人的四矢全部投完。每投进一矢，由司射给投中者一边放上一算，称为"释算"。如果一方不等对方投完就接着再投，即使投中，也不予释算。每人各投完四矢为一轮，比赛要进行三轮。每轮结束都由司射统计成绩，然后宣布某方胜。每胜一轮，要为胜方立一"马"，三轮全胜就立三"马"；如果三轮两胜一负，那么对方的一"马"要并到胜者的一方去，凑成三"马"。所以实际上就是今天大家熟悉的三局两胜制。

投壶决出胜负后，罚酒与饮酒也极具情趣。负者饮酒时，一旁助阵的乐工还要兴致高昂地齐奏古乐《狸首》，场景极为热烈。饮酒的人要恭恭敬敬，跪奉酒杯，而后一饮而尽，道一声"赐灌"，意思是说"蒙赐之饮"。胜者也要郑重其事地跪在一边，答一声"敬养"，意即"敬请饮酒"。个人的教养、风貌，在投壶活动中一展无遗。

早在春秋战国时期就已有投壶的游戏，成为当时贵族阶层的人们在闲暇时的娱乐活动。秦汉以后，投壶在士大夫阶层颇为流行，每逢宴饮，必定会有"雅歌投壶"的节目助兴。而此时的投壶，减少了揖让之类的繁琐礼节，并在作为投壶器具的壶的两边增加了双耳孔，这不仅增加了投壶的难度，还由此派生出不少新名目，使投壶的娱乐性大大增强。

汉代宫廷中还出现了一些为皇帝投壶的高手，使得当时投壶的技巧有所改进。史籍记载："武帝时，郭舍人善投壶，以竹为矢，不用棘也。古之投壶，取中而不求还，故实小豆于中，恶其矢跃而出也。郭舍人则激矢令还，一矢百余反，谓之为骁。言如博之坚枭于掌中，为骁杰也。每为武帝投壶，辄赐金帛。"即汉武帝的时候，郭舍人善于投壶，用竹作筹子，不用酸枣木。古时候人投壶，只求投中，而不要求筹子跳回来，所以在投壶中装了小豆，避免筹子从里面跳出来。郭舍人却能让筹子弹跳回来，一个筹子可以弹跳回来一百多次，把这个筹子称为"骁"，这是说它像博戏时手掌中握住了枭一样，是取胜的枭杰。他经常替汉武帝投壶，武帝总是赐给他金银丝帛。

汉代投壶盛行的情况在河南南阳的一幅汉画中也可略见一斑。画面的中间立一壶，壶内插着已投进去的两根"矢"，壶的右侧放的盛有酒的二条腿的樽，樽上搁置一把勺，供人舀酒用。有两人分别踞坐于壶的左右，每人一手怀抱三根矢，另一手执一根矢，面向着壶准备投掷。画面的右端有一人跪坐，

第五章 雅俗共赏的投射猜谜类游戏

两手拱抱,似是旁观者,又像是侍仆。画面左端一彪形大汉席地而坐,他很可能是宴会的主人;那一副醉汉模样显然是投壶场上的败将,已多次被罚,因饮酒过量而不能自持。

魏晋南北朝时期,投壶是豪门和士人宴集时不可或缺的助兴活动。三国时期吴国的诸葛瑾"每会辄历问宾客,各言其能,乃合榻促席,量敌选对,或有博弈,或有樗蒲,投壶弓弹,部别类分,于是甘果断进,清酒徐行,融周流观览,终日不倦"。魏国的王弼"性和理,游乐宴,解音律,善投壶"。南朝时有的官员还因观赏别人投壶而耽误了上朝的时间,如"齐竟陵王尝宿晏,明旦将朝见,见恽投壶枭不绝,停舆久之,进见遂晚。齐武帝迟之,王以实对。武帝复使为之,赐绢二十匹"。即齐竟陵王萧子良有次上朝时,见大臣柳恽投壶兴不绝,停舆观赏太久,因而耽误了上朝。齐武帝斥问竟陵王何以迟来?竟陵王如实相告。这下勾起了齐武帝的兴致,吩咐在堂上表演,果真技艺叫绝,一高兴,赐赏柳恽美绢二十匹。

魏晋南北朝时期的宫廷和民间还出现了一些善于投壶的宫女、优伶和侍从,他们为皇帝和贵族在宴饮中的娱乐提供相应的服务。如葛洪《神仙传》记载东汉时有"玉女投壶,天为之笑"的风俗,西晋"石崇有妓,善投壶,隔屏风投之"。另有"王胡之善于投壶,言手熟闭目"。即令投入壶中的箭反弹出挂在壶耳上,组成莲花形。这种技巧,显然难度更大。

投壶这种游戏在唐代也比较盛行,它常结合宴会而进行,所以在官僚士大夫们之间十分流行。《新唐书·裴宽传》说:"宽性通敏,工骑射,弹棋、投壶。"有的古籍则说卢藏用"博学,工文章,善草隶;投壶弹琴,莫不尽妙"。饮酒时举行投壶游戏,可以活跃和融洽气氛。韩愈的《郑儋碑》说:"郑公与宾客朋游,饮酒必极醉,投壶博弈,穷日夜而不厌。"投壶的技巧性特别强,唐时有人能反手投壶。有的古籍说:"薛眘惑者,善投壶,龙跃隼飞,矫无遗箭。置壶于背后,却反矢以投之,百发百中。"像这种反手投壶之技,其难度较高,恐怕不是一般人所能达到的。

投壶游戏在唐代如此盛行,所以专门研究这种游戏的著作时有出现。《孔帖》载"上官仪著有《投壶经》一卷",反映了唐代投壶游戏的流行。投壶所用的壶高一尺,壶口直径三寸,两耳直径各为一寸,壶内装入小豆,人离壶有两箭半之远,共十二支箭,箭长二尺四寸。投壶以全壶不失者为胜,假

如不能全，那么计分先满 120 分者为胜，全都满则其他得分多者胜。它的计筹或计"算"（相当于计分）的方法大体如下：第一箭入壶者名"有初"，计 10 分，从第二箭起接连入壶的名"连中"以 5 分计。第一箭投入壶耳者，叫"有初贯耳"，计 20 分。连续投入壶耳，名"连中贯耳"，计 20 分。第一箭未投入壶、从第二箭起投入者，名"散箭"以 1 分计。箭箭均入壶者，叫"全壶"。末箭入壶者，名"有终"，以 20 分计，贯耳加倍。

投入壶中之箭反跃出来，接得后又投入壶中者，名"骁箭"，以 10 分计。十二箭均不中者，称为"败壶"。所投之箭横于壶耳者，名"横耳"，作 50 筹计。投箭浅入壶中而竿斜靠左右壶口上者，名"倚竿"，作 50 筹算。箭首正向投壶者的"倚箭"称"龙首"，未正向者，称"龙尾"，计分与"倚竿"同。箭投在壶口上旋转而成"倚竿"者，名"狼壶"。投箭虽入壶耳，但未斜支壶颈者，名"带箭（剑）"。投箭入耳，且箭竿左右斜倚于耳者，名"耳倚竿"。以上三种按"倚竿"计筹。投箭倒入壶中者，称"倒中"，倒中之"耳倚竿"名"倒耳"。这两种投法，计 120 筹。由此可见，投壶讲究的技巧与艺术性很强，难怪为许多人喜爱。

唐代士大夫投壶也伴以饮酒和赋诗。"阄令促传觞，投壶更联句。"武后时，冠军大将军马神威"响杂投壶之乐"。军中宴客席上同样少不了投壶。"他日观军容，投壶接高宴。"

投壶是我国古代宴会的一种礼制，这种宴饮游戏在宋辽金元时期得到继承和发扬。游戏方法基本上沿袭过去，以酒壶象征箭靶，人在离壶二矢半（约七尺）处以矢投壶，中者为胜，负者罚酒。矢有三种长度：室内用二尺，堂上用二尺八寸，庭中用三尺六寸，以投中多少次定胜负，负者须饮酒。

对于投壶这种宴饮古礼沿袭下来的游戏，人们喜好它不仅在于该游戏具有强身健体、消遣娱乐之功效，而且还被誉为寓教于乐、修身养性的娱宾悦己之雅趣。司马光在神宗熙宁五年（1072 年）写了《投壶新格》一书，序中有言："夫投壶细事，游戏之类，而圣人取之以为礼……投壶可以治心，可以修身，可以为国，可以观人。何以言之？夫投壶者，不使之过，亦不使之不及，所以为中也；不使之偏颇流散，所以为正也；中正，道之根柢，圣人作礼乐，修刑政，主教化，垂典谟，凡所施为，不啻万端，要在纳民心于心中正而已……余今更定新格，增损旧图，以精密者为右，偶中者为下，使夫用

第五章　雅俗共赏的投射猜谜类游戏

机儆悍者无所措其手焉。"提出了寓德育于体育之中的思想。鉴于"旧格不合礼意",他对这一传统项目进行了改革,创制了《投壶新格》,既对古老的投法提高算法(即分数),又对富有创造性的新投法降低算法。

藏钩

藏钩,又称"藏驱""行驱""意驱""打驱""探驱""藏阄"等,是一种老少皆宜的娱乐游戏。

在藏钩游戏出现以前,曾流行一种"投钩"和"投策"游戏。《荀子·君道篇》说:"探筹投钩者,所以为公也。"《慎子·威德篇》也说:"夫投钩分财,投策以分马,非钩策为均也。使得美者不知所以德,使得恶者不知所以怨。此所以塞怨望也。"这是一种类似于后代的拈阄、抽签游戏,古人常用这种方法来分配财物,《东观汉记》卷十六《甄宇传》载:"甄宇,北海人,建武中(25—56年),青州从事征拜博士。每腊,诏赐博士羊,人一头,羊有大小肥瘦。时博士祭酒议欲杀羊,称分其肉,宇曰:'不可。'又欲投钩,宇复耻之,宇因先自取其最瘦者,由是不复有争讼。"直到唐代,人们还用投钩的方法来决定游戏人选和游戏先后,如皮日休《登初阳楼寄怀北平郎中》:"投钩列坐围华烛,格簺分朋占靓妆。"反映的就是这种情况。藏钩大约就是受到先秦时期就已出现的"投钩"启发而产生的一种游戏。

不过,关于藏钩的起源流传最广的一种说法是来自汉代的钩弋夫人。据东汉时辛氏《三秦记》说:"昭帝母钩弋夫人,手拳而有国色,先帝宠之,世人藏钩法此也。"《宋书》卷二十七《符瑞志上》也记载:"武帝赵婕妤,家在河间,生而两手皆拳,不可开。武帝巡狩过河间,望气者言:'此有奇女子气。'召而见之。武帝自披其手,即时申,得一玉钩。由是见幸,号曰'拳夫人'。进为婕妤,居钩弋宫,大有宠。十四月生男,是为昭帝,号曰'钩弋

藏钩游戏

子'。"可见藏钩游戏至晚在汉代就已经开始流行。

藏钩的"钩"原作"驱"。《荆楚岁时记》说:"岁前又为藏驱之戏……周处、成公绥并作'驱'字。《艺经》、庾阐则作'钩'字,其事同也。"《初学记》卷四《岁时部下·岁除》也说:"钩亦作驱。"《太平御览》卷七五四《工艺部·藏钩》也记载:"藏钩古作驱。"驱,指戒指一类的圆环。《西京杂记》卷一"驱环"条记载:"戚姬以百炼金为驱环,照见指骨。"赵飞燕被立为皇后时,她的妹妹送给她的贺礼中还有"玛瑙驱"。周处《风土记》也记载:"进清醇以告蜡,竭恭敬于明祀,乃有藏驱,俗呼为'行驱'。盖因妇人所作金环以銷指而缠者。"这说明当时人们玩藏驱游戏时,所用的"驱"为妇女戴在手指上的金环、玉环一类的东西。所以藏钩与藏驱实为同一意思。

到魏晋南北朝时期,藏钩游戏已经非常流行。当时的贵族士大夫经常玩藏钩游戏,《太平广记》卷二二八《桓玄》条引《渚宫故事》曰:"殷仲堪与桓玄共藏钩,一朋百筹。桓朋欲不胜,唯余虎探在。顾恺之为殷仲堪参军,属膊在廨。桓遣信,请顾起病,令射取虎探。即来,坐定,语顾云:'君可取钩。'顾答云:'赏百匹布,顾即取得钩。'桓朋遂胜。"《异苑》卷四记载:"晋海西公时,有贵人会,因藏驱。"可见藏钩已经成为宴集时的娱乐助兴游戏。

藏钩在民间也广为流传,并且成为岁前腊日举行的一项重要的游戏活动。盛翁子《藏钩赋》序说:"以腊之后,因祭祀余胙,要命中外,以行钩为戏。"关于藏钩的玩法,《风土记》又说:

> 义阳腊日饮祭之后,叟姬儿童为藏钩之戏。分为二曹,以效(较)胜负。若偶即敌对;人奇即人为游附,或属上曹,或属下曹,名为飞鸟,以齐二曹人数。一钩藏在数手中,曹人当射知所在。一藏为一筹,三筹为一都(部)。

玩藏钩游戏时,钩藏在上曹即由下曹射之,藏在下曹即由上曹射之。另外,东晋庾阐的《藏钩赋》也说:

> 叹近夜之藏钩,复一时之戏望。以道生为元帅,以子仁为佐相。思蒙笼而不启,目炯泠而不畅。多取决于公长,乃不咨于大匠。钩运掌而潜流,手乘虚而密放。示微迹于可嫌,露疑似之情状。辄争材以先叩,各锐志于所向。意有往而必乖,策靡陈而不丧。退怨叹于独见,慨相顾于惆怅。夜景焕烂,流光西驿。同明(疑作"朋")

第五章 雅俗共赏的投射猜谜类游戏

诲其凤退，对者催其连射。攘袂以发奇，探意外而求迹。奇未发而妙待，意愈求而累僻。疑空拳之可取，手含珍而不摘。督猛炬而增明，从因朗而心隔。壮颜变成衰容，神材比为愚策。

通过这两段记载，我们大致可以了解到藏钩游戏多在晚间进行，其规则是：所有参加游戏者分为人数相等的两组，即"二曹"；如果总人数是奇数，则有一人轮流参加两组，为"游附"，以保证两组人数上的公平。接着由一组人将一个玉钩或银钩之类的器物藏在众人的手掌中移来换去，最后落入一人掌中，同时其他人则往往故作姿态，以迷惑、误导对方；射钩的一队则察言观色，作心理分析，最后断定藏钩之人。最终，射钩的一方能否正确指出钩藏在谁手里就决定了游戏的胜负。这种游戏，既锻炼了手的灵巧和动作的敏捷，又锻炼了人们的目光和判断力，所以深受当时人们的喜爱。

到唐代，藏钩之戏继续流行。唐初，皇室宫廷延续了传统的岁前玩藏钩之戏的习俗，杜审言《守岁侍宴应制》诗曰：

季冬除夜接新年，帝子王孙捧御筵。宫阙星河低拂树，殿廷灯烛上薰天。

弹弦奏节梅风入，对局探钩柏酒传。欲向正元歌万寿，暂留欢赏寄春前。

该诗描写了皇室在除夕夜守岁时玩藏钩游戏的情景。到唐后期，玩藏钩游戏的时间由岁前腊日移后到正月，据《酉阳杂俎》续集卷四"贬误"记载："今为此戏，必于正月。"大概正月之时正是农闲时节。另外，藏钩游戏也经常在宴集时举行。如《三水小牍》卷下记载：懿宗咸通八年（867年），鄂县尉刘刺夫妻王氏在洛阳敦化里娘家，"夜聚诸子侄，藏钩食煎饼"。岑参《敦煌太守后庭歌》也曰："敦煌太守才且贤，郡中无事高枕眠。……城头月出星满天，曲房置酒张锦筵。美人红妆色正鲜，侧垂高髻插金钿。醉坐藏钩红烛前，不知钩在若个边。为君手把珊瑚鞭，射得半段黄金钱，此中乐事亦已偏。"描述了边远的塞外敦煌太守在宴饮时玩藏钩游戏的情景。

除了宴席上，平日里藏钩也成为文人雅士的一项兴趣爱好。《新唐书》卷一二一《王琚传》就说：王琚任刺史时，"在州与官属小史酋豪饮谑、摴博、藏钩为乐"。猜钩必须掌握一定的技巧，《酉阳杂俎》前集卷六记载了两位藏钩高手的故事：

举人高映善意驱。成式尝于荆州藏钩,每曹五十余入,十中其九,同曹钩亦知其处,当时疑有他术。访之,映言但意举止辞色,若察囚视盗也。

山人石曼,尤妙打驱,与张又新兄弟善。暇夜会客,因试其意驱,注之必中。张遂置钩于巾幞中,曼曰:"尽张空拳。"有顷,眼钩在张君幞头左翅中。其妙如此。

举人高映在一百多人参加的藏钩游戏中,猜中率竟高达90%;山人石曼也是每猜必中,他们的窍门就像高映所说:对藏钩者的举止表情进行细致观察与分析,就如同监视囚犯、盗贼那样。由此可见,这两人将藏钩游戏已经玩到了出神入化的境界。

研究发现,参加藏钩游戏者多以青年女性为主,也有男性和老年人,甚至是儿童,而且可以男女混做。人数不限,参与者越多,猜钩的难度就越大,气氛也越热烈。在宫廷藏钩活动中,甚至出现了每队一百人的大型游戏。藏钩游戏有时还带有一定的赌注,所以人们才会通宵达旦地玩这种游戏。由于藏钩游戏具有很强的趣味性,其玩法较为简单,因此深得人们的喜爱,特别是受到广大妇女儿童的欢迎。

第二节
猜谜游戏

 谜语

谜语是一种语言文字性的游戏活动,它是运用语言文字上的各种特点,将一些事物的意义或形象隐藏起来,供人揣度或猜测的一种游戏。谜语是古

第五章　雅俗共赏的投射猜谜类游戏

灯谜

代流传甚广的一种益智、休闲、娱乐游戏。通过这种活动，既丰富了人们的知识，又锻炼了反应能力，其娱乐性特别强。

谜语起源于"廋辞"或"隐语"。早期的"廋辞"和"隐语"都包含有谜语的成分，并对后世谜语的发展产生了直接影响。

早在先秦时期，谜语的雏形就已经出现。春秋战国时期，一些游士为了说动君主相信自己的主张，往往先不把本意说出来，而是借用一些隐语来暗示，使君王从中得到启发。《国语·晋语五》记载："有秦客廋辞于朝，大夫莫之能对也。"注："廋，隐也。谓以隐伏谲诡之言问于朝也。"《史记》卷一二六《淳于髡传》曰："齐威王之时喜隐。"《索隐》有："喜隐谓好隐语。"

到了秦汉时期，隐语非常流行，并演变出了以文字形义为主的文义谜，也即猜字谜，这种游戏颇为当时人喜好。

汉武帝时东方朔就是一个隐语行家。他在皇宫中与郭舍人赌赛，郭舍人胡编了一通连他自己也不知所云的隐语企图难倒东方朔，不料却被反应敏捷的东方朔解释得头头是道。《汉书》卷六十五《东方朔传》对此有一段生动的描写：

  上令倡监榜舍人，舍人不胜痛，呼謈。朔笑之曰："咄！口无毛，声謷謷，尻益高。舍人恚曰："朔擅诋欺天子从官，当弃市。"上问朔："何故诋之？"对曰："臣非敢诋之，乃与为隐耳。"上曰："隐云何？"朔曰："夫口无毛者，狗窦也；声謷謷者，鸟哺鷇也；尻益高者，鹤俛啄也。"舍人不服，因曰："臣愿复问朔隐语，不知，亦当榜。"即妄为谐语曰："令壶龃，老柏涂，伊优亚，狋吽牙。何谓也？"朔曰："令者，命也。壶者，所以盛也。龃者，齿不正也。老者，人所敬也。柏者，鬼之廷也。涂者，渐洳径也。伊优亚者，辞未定也。狋吽牙者，两犬争也。"舍人所问，朔应声辄对，变诈锋出，莫能穷者。左右大惊。

从这段记载可以看出，东方朔与郭舍人所说的这些隐语已经含有非常浓厚的猜谜成分在其中。

西汉后期，谶纬兴起，依托隐语形式，也在客观上推动了隐语的发展。如东汉末流传的谶语"千里草，何青青。十日卜，不得生"。案："千里草为董，十日卜为卓青青者，暴盛之貌也。不得生者，亦旋破亡。"这是用拆字隐语预言了董卓的灭亡。

到魏晋南北朝时期，谜语发展成熟并最终定型，猜谜游戏成为一项非常有趣的娱乐活动。南朝刘勰在《文心雕龙·谐隐篇》中对谜语的来源、性质和类型作了概括性的论述。

到隋唐时期，猜谜游戏大盛，不但深得上层社会的喜爱，而且在民间也广为流行，隋朝的贵族官僚和文人士大夫们对猜谜活动非常在行，隋唐之际还涌现出了一位猜谜行家侯白。侯白出身秀才，后来出仕，以反应敏捷、善于随机应变而闻名于世，他在自著的《启颜录》中留下了许多猜谜的故事。

一次，他和隋朝大贵族杨素互为打谜，杨素先出一谜让他猜，如果猜不出要罚酒。谜语曰："头长一分，眉长一寸。未到日中，已打两顿。"侯白猜说是"道人"。轮到侯白出谜时，他也以同样的谜语回问杨素，令杨素感到非常奇怪，侯白自解为"阿历"。由此可见，侯白不但聪颖过人，而且诙谐逗人。侯白后来仕唐，仍然经常与人以猜谜为戏。有一次，他与人各自为谜，规定谜底必须是实有之物，不得虚作解释，浪惑众人，否则要受罚。他先出谜曰："背共屋许大，肚共碗许大，口共盏许大。"众人都猜不出是什么东西，说："天下哪里有口小如盏而背大如屋这样的东西，肯定没有这样的东西，必须与他赌赛。"侯白与众人设赌后，解说是"胡燕窠"，众人这才恍然大悟。又有一次，侯白因参加宴会迟到，众人起哄，罚他作谜，"必不得幽隐难识，及诡谲希奇，亦不假合而成，人所不见者"。侯白应声说："有物大如狗，面貌极似牛。此是何物？"有人说是"獐"，有人说是"鹿"，侯白都说不对，他自解是"犊子"。从这几则故事可以看出，猜谜活动在隋唐时期已经非常流行，出谜往往以调侃的形式来出现，谜底往往出人意料，令人忍俊不禁。

字谜也是唐人非常熟悉的一种谜语形式。大诗人李白曾以字谜的形式为许云封取名，据《甘泽谣》记载：天宝初（742年），著名笛子演奏家李謩外孙许云封满月时，李謩抱请李白为之取名。当时李白正在酒楼饮酒，于是醉书其胸前曰："树下彼何人，不语真吾好。语若及日中，烟霏谢成宝。"李謩不解其意，李白解说："此即名在其间也。树下人是木子；木子，'李'字也。

第五章 雅俗共赏的投射猜谜类游戏

不语是莫言；莫言，'薯'也。好是女子；女子，'外孙'也。语及日中，是言午；言午，是'许'也。烟霏谢成宝，是云出封中，乃是'云封'也，即'李薯外孙许云封'也。"

字谜在唐代还经常当作一种考察人的智力和反应能力的手段。如《明皇杂录》卷上就记载了这样一则故事：苏颋从小就很聪明，悟性也高，记忆力也很好，每日背诵数千字的文章一点也不觉得吃力。其父苏瑰对他的教育也非常严厉，苏颋刚学会说话的时候，有一次一位京兆尹来拜访苏瑰，命苏颋咏"尹"字，苏颋稍假思索即出口吟曰："丑虽有足，甲不全身。见君无口，知伊少人。"

有些字谜编得非常有意思，如《桂苑丛谈》"班支使解大明寺语"记载：淮南支使班蒙与从事游览大明寺时，见寺西廊前壁上有一首诗谜："一人堂堂，两曜重光。井深尺一，点去冰旁。二人相连，不欠一边。三梁四柱烈火燃，添却双钩两日全。"许多游人到此都不解其意。班蒙解释道："'一人'为'大'字，'两曜'为'日月'，合成'明'字。'尺一'为'寸土'，应为'寺'字。'点去冰旁'为'水'字，'二人相连'是'天'字，'不欠一边'乃'下'字。'三梁四柱烈火燃'，'无（無）'字也。'添却双钩两日全'，"比"字也。合起来，这句话应该是'大明寺水，天下无比'八个字。"于是大家才恍然大悟，整首诗谜不露痕迹，浑然天成。

总之，隋唐时期的猜谜游戏已经开始从官宦人家的酒席走向民间、寺院，成为一项广受社会大众欢迎的娱乐活动。这就为宋以后谜语活动的蓬勃开展奠定了基础，此后的字谜、灯谜、画谜、印章谜、人名谜、地名谜、数字谜、故事谜、诗词曲谜、花鸟鱼虫谜、天干地支谜等等谜语形式，都是从此发展而来的。

酒令

饮酒行令，是中国人在饮酒时助兴的一种特有方式，也可以说是筵宴上助兴取乐的游戏。酒令要求敏捷与智慧，心快、眼快、手快、嘴快四者缺一不可。有一次，唐朝使节出使高丽，宴饮中，有个高丽人行令曰："张良与项羽争一伞，良曰'凉（良）伞'，羽曰'雨（羽）伞'。"唐使者应声对曰："许由和晁错争一瓢，由曰'油葫芦'，错曰'错葫芦'。"这两则酒令巧用谐音，名对名，物对物，故有妙趣在其中。《红楼梦》多处写到行酒令的场面，

酒令牌

有的酒令相当复杂,如第六十二回大观园红香圃内摆寿酒时行的酒令,要由古文、旧诗、骨牌名、曲牌名、历书语等各一句,凑成一段有完整意思的文字。书中的众儿女都能信手拈来,应对如流,但这毕竟是小说家言。在现实生活中,即使是饱学的文人,也很难在行令时做到左右逢源。

酒令在开始时,可能是为了维持酒席秩序而设立了"监"。汉代有了"觞政",就是在酒宴上执行觞令,对不饮尽杯中酒的人实行某种处罚。在远古时代就有了"射礼",为宴饮而设的称为"燕射",也即通过射箭决定胜负,负者饮酒。古人还有一种被称为"投壶"的饮酒习俗,源于西周时期的射礼。酒宴上设一壶,宾客依次将箭向壶内投去,以投入壶内多者为胜,负者受罚饮酒。《红楼梦》第四十回中鸳鸯吃了一盅酒,笑着说:"酒令大如军令,不论尊卑,唯我是主,违了我的话,是要受罚的。"因此,总的说来酒令就是用来罚酒的。但是,行酒令最根本的目的,是活跃饮酒时的气氛。酒席上坐的都是客人,互不相识是常见的,行酒令宛如催化剂,能使酒席上的气氛很快活跃起来。

唐人行酒令的游戏继承自古俗,在组织形式上更加完备。参加者的人数不论多少,通常以20人为一组,每组设一个监令,观察依令行饮的次序。因为当时的县令称为"明府",监令也就被戏称为"明府"。在明府之下,设两个"录事",叫做"律录事"和"觥录事"。律录事的任务,是司掌宣令和行酒,又称"席纠""酒纠"。觥录事的任务,是司掌罚酒,又称"觥使"和"主罚录事"。据记载,明府管骰子一双、酒杓一只,决定每一项游戏的起结。律录事管旗、纛、筹三器,以旗宣令,以纛指挥饮次,以筹裁示犯令之人。觥录事则执旗、执纛、执筹、执觥,实施罚酒。行酒令就是这样一种有规则、有节度、有趣味的筵饮游戏。

酒令分为"雅令"和"通令"。雅令的行令方法,是先推一人为令官,或出诗句,或出对子,其他人按首令之意续令,所续必须在内容与形式上相符,不然被罚饮酒。行雅令时,必须引经据典,分韵联吟,当场构思,即席

第五章 雅俗共赏的投射猜谜类游戏

应对,这就要求行酒令者既有文采和才华,又要敏捷和机智,所以它是酒令中最能展示饮者才思的项目。《红楼梦》第四十回写到鸳鸯作令官,众人喝酒行令的情景,描写的就是清代上层社会喝酒行雅令的风貌。

通令的行令方法,主要是掷骰、抽签、划拳、猜数等。通令容易造成热闹的气氛,但掳拳奋臂,叫号喧争,有失风度,显得粗俗。最常见的通令是"同数",也即"猜拳",即用若干手指代表若干数,出手时每人报一数字,双方出手后,手指相加之和正好等于某数则算赢家,否则算输家。如果两人说的数相同,则不计胜负,重来一次。

行酒令是中国特有的一种酒游戏文化,民间常用的酒令大致有以下几种:

传花:用花一朵,也可用其他小物件如手帕等代替。令官蒙上眼,将花传给旁座一人,依次顺递。令官喊停,持花未传出的一人罚酒。这个罚酒者有权充当下一轮的令官。也有用鼓声伴奏的,称"击鼓传花令"。令官拿花枝在手,使人于屏后击鼓,座客依次传递花枝,鼓声止而花枝在手者饮。

拍七:依次报数一至七,要求速度快,报错者受罚。从令官开始报数,逢到"七"或"七"的倍如"十四""二十一"等,应报者拍桌而不能出声,失口出声者罚酒。下一轮即从被罚者从头报起。

猜谜:由令官出谜面,猜不中者罚酒,猜中者则令官罚酒,猜中者有下一轮出谜权。猜谜可以限定范围,加限于席上所有物或室内所有物之类,由令官行令前宣布。

说笑话:由令官开始,或由上一轮行令受罚者开始,依次轮流说一个笑话。如能逗引全席人或多数人发笑,说笑话者算是成功,全席各饮一杯。倘若无人被逗笑,说笑话者认罚。如仅有一人或少数人笑,则罚笑者饮酒。

汤匙令:将一只汤匙置于空盘中心,用手拨动匙柄,使其转动。转动停止时,匙柄所指之人饮酒。

酒牌令:以牌的形式,上刻所行酒令的内容。如咸丰年间的酒牌,上有四十八位仙人的名字。根据每位仙人的不同身份、经历、特点,规定法则。游戏时,抽取其中的一张牌,按照牌面上的法则施行。如上写"寿者饮",即在席年龄最大的人喝酒;如上写"有著述者饮",即在场有著作的人喝酒,等等。

酒筹令:竹制筹令,始于唐代,盛于明清。游戏时不必费脑筋而又颇有趣味,因此文人聚饮和闺房集宴多用之。酒筹上多刻经书或诗词,或《西厢》

《水浒》《红楼》人名,并由此引申出敬酒、劝酒、罚酒等名目。

　　古代流传许多酒令故事。在《济公活佛传奇录》一书里,济颠讲过一个故事,说昔日苏东坡、秦少游、黄鲁直、佛印四人共饮,东坡行下了一令,要大家做对子助兴。对子要求前面一句必须是一件落地无声之物,中间二句必须有两个古人,最后要结诗二句,应当合情合理而又连贯才行,否则受罚。苏东坡先说道:"笔毫落地无声,抬头见管仲,管仲问鲍叔,因何不种竹?鲍叔曰:只须两三竿,清风自然足。"秦少游接着说道:"雪花落地无声,抬头见白起,白起问廉颇,如何不养鹅?廉颇曰:白毛浮绿水,红掌拨清波。"然后黄鲁直说道:"蛀屑落地无声,抬头看孔子,孔子问颜回,因何不种梅?颜回曰:前村深雪里,昨夜一枝开。"最后,佛印禅师说道:"天花落地无声,抬头见宝光,宝光问维摩,僧行近如何?维摩曰:遇客头如鳖,逢斋项似鹅。"说完,大家哈哈大笑。

七巧板与九连环

　　中国古代的七巧板、益智图等,是不同于棋类游戏的另一类智能游戏方式,通过对一些不同形状的木板或纸板进行不同形式的排列组合,由此而拼出各种事物形象的拼图游戏方式。七巧板原先主要在文人中流行,后来流传到民间,特别是受到了少年儿童们的喜爱。它一般是用一块正方形的薄板裁成大小、形状不同的七块几何图形,然后将这七块板按不同的方式拼合起来,组成人物、动植物、住房建

七巧板

筑、山亭楼阁、船桥车马、花卉鸟虫等各种图案。这种游戏构思巧妙,变化无穷,能够提高人的想像力和判断力,活跃人的形象思维,尤其对启发儿童的智慧很有益处。七巧板渊源于唐代的"燕几"。"燕几"也叫"骰子桌",

第五章 雅俗共赏的投射猜谜类游戏

是一种古人在宴会上用的桌子,这种桌子一套共有六张,大小形状各不相同。在宴席时,人们将这些桌子摆成各种图案,以增加宴会的欢乐气氛。宋人黄长睿专门撰写过一本有关燕几的专书,对当时的燕几形制作过较为详细的描述:"燕几图者,图几之制也。几之制,纵横离合,变态无穷,率视夫宾朋多寡,杯盘丰约,以为广狭之用。遂创为二十体,变为四十名,谓之骰子桌,盖拟其六也。"后来,燕几从六几变为七几,易名为"七星",这就是七巧板的雏形。后又经人们改制,将燕几桌改为纸板,于是真正的七巧板就出现了。

 知识链接

古代益智图游戏

益智图是继七巧板之后出现的又一种拼板游戏,相传为清光绪年间儿童叶庚创制。他根据民间流传的七巧板,取《易经》中"一画、二仪、四象、八卦"合起来的数目,将拼板改为15块。这15块小板,可以拼合成各种人物、动物和其他形状。由于比七巧板增加了板块数,因此圆缺方长,尖斜曲直诸形皆可拼出。

中国古代还有许多既要依靠一定的智力,又要依靠一定的技巧才能得以进行的游戏方式,例如九连环就是如此。九连环又名"连环套""巧环",宋代时就已产生。宋周邦彦有《解连环》词云:"纵妙手能解连环。"九连环最早是用金属丝制成的,共有圆形小环9个,互相串连在一起。游戏者要想方设法将它们一一解开,然后再一一合起来。明《丹铅总录》云:"九连环,两者互相贯一,得其关挠,解之为二,又合而为一。"后来九连环也有用铜或铁制作的,其玩法也越来越多,各环可分可合,变化多端。这种游戏玩时需要经过周密的思考,上环和解环的程序不能有一步错误,套错一个环,后面的程序全被打乱,就不可能解开所有的环。因此它实际上是一种既能锻炼人的逻辑思维能力,又能锻炼人的技能技巧的一种智力型游戏方式。

第三节
冰嬉与垂钓赏花

 冰嬉

　　冰嬉，又叫滑冰，是中国古代皇宫中冬季的一项冰上体育娱乐。我国有关滑雪、滑冰的记载，最早见于《隋书》，其时居住在大兴安岭一带的室韦族即"骑木而行"，后按元代人解释：木马形如弹弓，长四尺，宽五寸，一左一右，系于两足，激而行之雪中冰上，可以及奔马。可见，这里的"骑木"，实际上是滑雪用的滑板。

　　据《宋史·礼志》记载，北宋就有冰嬉这项体育娱乐，每逢冬至日及腊梅盛开之时，宋代帝王照例要"幸后苑观花，作冰戏。"宋人沈括在《梦溪笔谈》中曾有"凌床"的记载，说明冰戏在宋代进入宫廷，深受帝王的喜爱。

　　明清两代宫廷的滑冰娱乐更是热闹非凡，明代宫廷中的冰床运动十分时髦，据《倚晴阁杂抄》云："明时积水潭，常有好事者联十余床，携都篮洒具，铺氍毹其上，轰饮冰凌中以为乐。诚豪侠快事也。"而此时的帝王也顶着凛冽的寒风，迎着皑皑的大雪，兴致勃勃地乘坐冰床在冰上逍遥。皇帝所用冰床十分讲究，奢侈豪华，以黄缎为幄，样式似轿子，行走时轻便矫健，由八名御前侍卫推挽，现珍藏于北京故宫博物院的清代《冰嬉图》，生动地反映出西苑太液池上的隆重热闹场面，以及王公大臣们毕恭毕敬地簇拥着皇帝御用冰床的纪实状况。

　　每年冬至以后，清代帝王便在西苑太液池举行大规模的冰嬉娱乐，此时的冰嬉已不同于明代的单为帝王提供娱乐，而是一种含有军事意义上的比武

第五章　雅俗共赏的投射猜谜类游戏

冰嬉

和演练了，正如乾隆所说的"冰嬉为国制所重"，是继承和发扬祖宗遗训的体现。满族因生活在冰封雪地的塞北地区，因此十分喜爱冰上游戏。据史料记载，赫哲族人（居住于我国东北兴安岭地区）也善于滑雪，他们在300年前就掌握了滑板滑雪法。《黑龙江志稿》中说："赫哲族人捕兽之器曰'踏板'。值雪深数尺，以木板长五尺，贴缚两足，手持长竿，如泊舟之状，划雪上前进，则板乘雪力，瞬息可出十余里。"天命十年（1625年）正月初二，努尔哈赤曾率满、蒙、汉诸王贝勒官员及后宫妻妾在浑河支流太子河上进行冰上娱乐，其内容：一项是诸王贝勒率随从将士在冰山踢行头，即所谓"蹴鞠之戏"，参加者全都为男子，他们既要在冰上快速奔跑抢球，又要以一足立于冰上一足踢球，难度相当大，运动量亦大。另一项是努尔哈赤和福晋们坐到冰河中央观看女子冰上赛跑，由满、蒙、汉诸王贝勒官员的福晋妻妾分组进行，冰上赛跑争夺十分激烈，胜者和参加者都可以获得一份数目不等的银两赏赐，最后由努尔哈赤在冰上举行盛大宴会，款待参加冰上竞赛的全体人员。又皇太极于崇德七年（1624年）正月初八和十五日，在盛京城浑河冰上，也连续举行两次冰上娱乐盛会，其内容之一就有大规模的"蹴鞠之戏"，由此以锻炼官兵的体魄，增强抗寒能力，提高他们的运动技巧。据《清语择抄》所载，冰上运动的训练也是清军克敌制胜的法宝，故清军入关后，将冰嬉作为"国制"永存，清代皇室也将此奉为经久不衰的"家法",并将这一典制记载于钦定《大清会典》之中。

乾隆帝每年冬至以后常常亲临西苑太液池举行盛大规模的冰嬉活动。此时,乾隆爷由王公贵族及文武百官陪同,检阅驻京八旗将士和内务府上三旗官兵,举行冰上滑冰、蹴鞠、校射、杂技等形式多样的表演,场面十分壮观。乾隆爷在《御制塔山南面记》中记载:"悦心殿后为庆霄楼,每逢腊日,奉皇太后观冰嬉之所也。"北海庆霄楼为白塔山南面的半山建筑(坐落在太液池南岸),庆霄二字,意为楼宇巍峨,可接瑞雪。当宫中钦天监博士选择好黄道吉日,冰场上做好各种准备工作后,冰嬉运动就正式拉开了帷幕。

首先是滑冰,它作为皇帝每年冬天检阅军队技艺项目之一。富察敦崇《燕京岁时记》中载:"冰鞋以铁为之,中有单条缚于鞋上;身起则行,不能暂止。技之巧者,如蜻蜓点水,紫燕穿波,殊可观也","护膝以苘,牢鞋以韦",拿开阵势,整装待发。

太液池上的滑冰游戏地点并不固定,主要视冰层的薄厚和冰质光滑、坚硬程度而定,游戏场址有时在五龙亭附近、或阐福寺、瀛台等地。届时,在皇帝所坐的冰床二三里外,树一张大纛,由御前侍卫率八旗兵队排列整齐,当皇帝安坐冰床后,立即礼炮响起,滑冰运动员从树大纛处倾巢而出,似离弦之箭,流星追月一般,银白的液池内,冰沫飞溅,仿若"硵砰殿麟,杂沓震叠",眨眼间就飞驰至皇帝御冰床处。如此激烈热闹、生龙活虎的场面,乾隆爷不禁诗兴大发,夸之为"迅似严飞电""拟议弦催箭",并用"列子驭风""夸父追日"等典故来加以赞赏。

其次是"蹴鞠之戏",类似于今日的冰上球类游戏,兵分左右两队,每队人数十人。各有统领,左队运动员穿红衣,右队运动员穿黄衣,分位而立,由御前侍卫将以皮革制成的皮球踢至两队中央,双方队员群起而争抢之,真可谓"珠球一掷,虎旅纷来",你争我抢,手脚并用,惊心动魄,使帝王及文武百官陶醉在怡情悦目之中,比赛得胜者将会得到皇帝赏赐的重奖。

其三是校射运动,也称"转龙射球"。冰上校射是清代宫廷每年冬天举行的一项规模宏大的盛典。由朝廷在八旗官兵中"照定数各挑选善走冰者二百名","于西苑三海验冰习武"。所谓验冰,就是检验冰层厚度,要击声如石,方可滑冰,赛场设三个饰有彩旗的旗门,门上方正中悬彩球、作滑射之用,特别是在近御座处设旗门,上悬一球,称为"天球";下置一球,曰"地球"。参赛者分为两翼,每翼头目十二名,穿红黄马褂,射球手们随着彩旗飘扬,奔向旗门,"闪如曳电,疾若奔星",道光帝曾作《御制观冰嬉应制》诗:"彩球连命中,羽筒叠相鸣","鸟翔旗色初分队,鱼贯髇声每应弦",赛事结束时,最后执旗者为一幼童,示意为龙尾。

其四是冰上杂技表演。据北京故宫博物院珍藏的乾隆时期所绘的《冰嬉图》所画,冰上杂技表演内容极为丰富,有"大蝎子""金鸡独立""哪吒探海""鹞子翻身""仙猴献桃""童子拜观音""凤凰展翅"及"双飞燕"等,表演形象生动逼真,令人眼花缭乱,将冰嬉活动烘托到高潮。

道光以后,冰嬉活动已经成为专门供宫廷娱乐的竞技活动。"老佛爷"慈禧不但喜欢观赏冰嬉,而且还在西苑中海之中建有水阁一座,盛暑炎热之际,凭阁可以观赏荷花;银装素裹之时,她便消闲地赏阅冰上之嬉,或乘坐冰床,在太液池冰上,令太监们牵引之。此外,慈禧还在宫中独出心裁地赏玩"滑挞",即"先汲水浇成冰山,高三四丈,莹滑无比,使健勇者著带毛猪皮履,其滑更甚,从顶一直挺立而下,以倒地不仆者为胜。"

据文献记载,隆冬时节,光绪帝在数九之日,要举行七八次冰嬉中的滑冰比赛,比赛时间规定在下午两点开始,大致一小时左右,参赛者多为二十多岁的宫廷侍卫和太监,他们身穿开襟袍外罩方马褂,头戴一顶毡帽。赛前,所有参赛者要进行预选,从中挑选优胜者一百名,然后分为十班,每班十人,令旗一扬,比赛开始,每班十人按圆形轨道跑起来,每班滑跑起来的姿势各不相同。光绪、慈禧则穿着华丽贵重的貂皮长袍,坐在中海水阁之中,隔着毡帘,尽情地欣赏滑冰比赛。可见,晚清宫廷中的冰嬉已完全成为嬉耍娱乐了。

垂钓

垂钓是流行于我国古代的一项具有休闲特色的游艺活动,有着悠久的历史。垂钓起源于古老的渔业生产。但是,随着人类食物的渐次丰富,其娱乐游艺的因素就不断增大,并越来越明显起来。在古代,垂钓除了生活所需,相当一部分是为了娱乐和消遣。在我国考古发现的史前时代的一些遗址中,经常见到骨制的钓钩。而那些钓钩大多数都不是在河底或湖底挖掘出来的,而是在住宅处挖掘出来的。有的似乎保存得很好,反映它们是留作纪念或欣

垂钓

赏的，说明那时钓鱼活动已由生产性逐渐向娱乐性过渡。

与钓钩出现和完善的同时，钓竿也成了垂钓的重要工具。我国古代钓鱼用的钓竿，多数是用竹子制成。竹子质轻，竹竿挺直修长，富有弹性，是较理想的天然钓竿材料，外形也很美观。其粗细则以手握感舒适而定。

刻在战国时铜器上的钓竿形象都较短小，而到了汉代，画像石中出现的钓竿就较长了，如按图中的比例估计，约有4～5米之长。东汉班固的《西都赋》中就有"揄文竿，出比目"之句。"揄"是牵引之意；"文"指纹饰；"比目"即比目鱼。在竹制的钓竿上绘上和刻上花纹，表明汉代不仅在钓竿的技术性能上下工夫，而且还注重钓具的观赏性，这也是为了更好地提高其娱乐的效果。

到了唐代，钓竿又有了新的发展。为了适应在不同深浅的水域里垂钓，我国古代的垂钓爱好者发明了轮竿。最初的轮竿是在手竿的基础上加装一个绕线的轮子，安装的位置是在钓竿的中部靠前一点。轮齿有四齿或六齿不等。明代版画《子陵钓图》中的轮竿和《桃花矶》中的轮竿，都装有四齿的绕线轮。明代汪肇的《月夜渔隐图》上所画的轮竿，绕线轮则为六齿。古代在手竿上加装这种绕线轮，在技术上可能有两个主要作用：一是可以随时调整钓线的长短，这是为了适应不同深浅的水域，可以不必时时更换钓线；二是避免钓线弄乱，又便于收藏。从这类轮竿的结构来看，手竿上安装的绕线轮都比较轻巧，而且有的本身并不能转动。

唐宋以后，装有绕线轮的钓竿非常流行。宋代画家王洗擅长山水画，在他画的《渔塘泛艇图》中就有轮竿，这是所见此种轮竿中较早的一例。此外，还有明代蒋嵩的《芦州泛艇图》以及沈士充的《寒塘渔艇图》等几幅作品，其中所见到的也均属这种钓具。

《古今图书集成》里还收有一幅明代版画《钓鳖图》，画面上垂钓者头戴草笠，躬身于古林岸边，左手持竿，右手摇轮，正忙于收线。它为我们展示了一具明代实用轮竿，与现代垂钓者自制的海竿相比，在型制上也很接近。

第五章　雅俗共赏的投射猜谜类游戏

说明古人早已把钓鱼作为娱乐游艺来看待，而轮竿垂钓因其抛得远和钓得大，鱼在水下挣扎的时间长，似乎比手竿乐趣还要多些。这和今天的钓鱼爱好者对钓鱼的认识也相差不多了。

与钓鱼本身作为一种娱乐游艺形式一样，制作钓具以及为钓鱼做好各种准备，同样是一种娱乐文化现象。杜甫在《江村》一诗中说："老妻画纸为棋局，稚子敲针作钓钩。"这样制作钓钩和画纸作为棋枰一样，都是为了娱乐，本身也颇有乐趣。梁朝戴篙写的《钓竿篇》中，有"翠羽饰长纶"之句。翠羽，就是绿而发光的鸟的羽毛，将它们装在线上，且使用了一个"饰"字，这就说明采用这种浮标，不光为了钓鱼，也是为了娱乐、美观，以求赏心悦目。

《古今图书集成》中另收有明代《垂钓图》一幅，图中，垂钓者弓身立于枯弯曲柳树干上，腰挎鱼篓，手执钓竿，专心致志地钓鱼，其两眼注视着图上一花朵形的浮标。无疑，这位垂钓者在制作装配这一在古代绘画、版画中少见的花朵形浮标中，也必定获得过无限的乐趣。

游戏永远不是孤立的，它和许多文化现象勾联，互相依托，共同组成一个文化网。古代垂钓源远流长，于是，历代都出现过有关垂钓的故事和以垂钓为题材的诗、词、歌、赋，画家们则挥五色彩笔作各种名目的"垂钓图"，戏剧中也常穿插有垂钓的情节。

《尚书·大传》曾记载说："周文王至磻溪，见吕望钓"。吕望就是姜子牙，人称姜太公。"姜太公钓鱼，愿者上钩"，这句典故一直流传到今天。人们根据历史故事知道，姜太公钓鱼其实并不在乎是否得鱼，而以钓鱼作为休息，以此来消磨时间，专门守候着文王的到来。宋代章渊《稿简赘笔·酒令》记述了这一游戏："钓鳌竿，堂上五尺，庭前七尺，红丝线系之。石盘盛诸鱼四十品，逐一作牌子刻鱼名，各有诗于牌上，或一钓连二事物，录事释其一，以行劝罚马。"说得极清楚，这副长竿，总共达一丈二尺，上系红色丝线，庭前置一石盘，盘中放鱼40条，鱼是用木制的牌子，上书鱼名。每盘之上有诗句，估计也有赏罚饮酒之词。玩时，用长竿远钓。堂上有录事管其事，按牌中所示饮酒。

当代，在各种游艺会上，人们玩的"钓鱼"，是垂钓的变易，用假的代替真的，假鱼、假钓竿，从而更充分地体现了游戏性。而真正爱好垂钓的人也越来越多，不但遍及全国，而且与世界其他国家的钓鱼协会进行广泛的接触，交流技术，举行比赛，使得数千年的垂钓游戏焕发了青春。

赏花

赏花是在古人中盛行的一种高雅的极有情趣的游艺。由于花的怡情遣兴,而"赏"又会在人们的心灵深处获得美的感受,因而也就使人在赏花中产生了一种高尚的心灵感应。

中国古人在赏花方面所做的学问,所积累的文化成果,是难能可贵的,在世界上也是首屈一指的。远在2000年前的周代初期,已有分类记录各种花卉名色,其后又有吟咏诗文的书籍相继问世。宋代刘蒙著《菊谱》,南宋陈咏辑《金茅备祖》,明代王象晋著《群芳谱》和古代关于牡丹的专著《牡丹谱》等,都对赏花的感受记之甚详。历代留下的赏花颂花的诗词更是数不胜数。据不完全统计,古代仅咏牡丹的诗词就达400多首,"唯有牡丹真国色,花开时节动京城"。短短二句,传唱千古。赏花人的轶闻,更是灿若明星。如晋代陶渊明弃官隐居,爱菊成癖,逸气如云。若说赏花赏到了痴迷的地步,却要首推北宋诗人林和靖。

牡丹花

第五章 雅俗共赏的投射猜谜类游戏

他曾在杭州孤山北麓结庐隐居,平时除了作画吟诗,还喜欢种梅养鹤,故留下"梅妻鹤子"的传说。据说他"种梅三百六十余树,花既可观,实亦可售,每售梅实一树,以供一日之需。"林和靖一生写了许多咏梅诗,其中名句有:"疏影横斜水深浅,暗香浮动月黄昏。"极为欧阳修称赏,并成为后世有名的赏梅掌故。

古代传统的赏花对象,以梅花、牡丹、菊花、月季、兰花、水杉和杜鹃花备受人们的喜爱。

中国人对梅花有着深厚的感情。松、竹、梅被人誉为"岁寒三友"。梅、兰、竹、菊是花木中的"四君子",梅居其首。梅诗梅画和有关梅的掌故传说,难以胜数。远在春秋时代,梅花梅果已成为人们互相馈赠和祭祀的礼品。在西汉刘向撰《说苑》一文中,就已记载了越国使者执梅花以赠梁惠王(即魏惠王)的故事。《诗经·国风·召南》中有首《摽有梅》,诗的主题是少女怀春。写一女子看到梅子感慨时光易逝,渴望早日成婚。

牡丹花在古代以长安为最多最盛,后来让位给了洛阳。这中间也有个传说。在一个雪花飞舞的日子,女皇武则天写下诏令:

明朝游上苑,火急报春知。

花须连夜发,莫待晓风吹。

到了次日凌晨,百花慑于武后的权势,违背时令一一开放,唯独牡丹仍一枝枯干,傲然挺立。武则天闻悉大怒,把长安的4000株牡丹统统贬植洛阳。岂料牡丹一到洛阳,居然竞相怒放,叶繁花艳,锦绣成堆。武后得悉,一不做二不休,又下一道诏令:用火烧死洛阳的全部牡丹!结果适得其反,牡丹经火一烧,开得艳若烟云,亭亭玉立,十分壮观,还得了个"焦骨牡丹"的雅号。

到了宋代,洛阳牡丹尤为天下奇了。每到花期,买花、赏花成风,豪门权贵开筵延宾赏牡丹,文人学士舞文弄墨咏牡丹。据欧阳修《风俗记》载,古代,在牡丹盛开季节,洛阳城中不分官民贫富,都有插花的习惯。当时,有个赏牡丹的掌故,说的是有个大官僚,花季举行"牡丹会",宾客齐聚,堂上并无牡丹。过一会,他问:"香发了没有?"左右回答:"发了"。于是,他吩咐卷帘,立即有异香自内而出,歌姬多人捧酒肴、携丝竹,姗姗入殿;殿后则有十名白衣美女,衣领首饰全部采用牡丹花,载歌载舞。歌罢帘垂,宾客无不叫绝。不一会,帘又卷起,香又袭来,随即又换了十名歌姬出场,穿戴皆为牡丹花样。如此往返,饮酒十次,变换十次歌姬,唱的都是牡丹名曲。

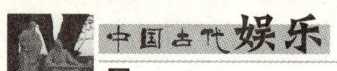

这样赏牡丹的场面，实为世所少见。

标韵高雅、傲霜怒放的菊花，"能斗霜煎菊，还迎雪里梅"的月季，被誉为"王者香"的兰花，"花中俊物"的水仙，以及"灌木花卉之王"的杜鹃花，也与梅花、牡丹一样，普遍受到中国人的赞赏、喜爱，它们都可登堂入室，移置几案，四时供人玩赏。

知识链接

《红楼梦》与"林潇湘魁夺菊花诗"

赏花在中国锦丽典雅者有之，淡雅朴素者有之，如醉如痴者亦有之。如《红楼梦》里"林潇湘魁夺菊花诗"（指潇湘妃子的《咏菊》《问菊》《菊梦》三首），以及《桃花行》（唐乐曲名，典出唐中宗宴桃花园）等著作。次如京剧艺术家梅兰芳，他平生最喜牵牛花（即喇叭花），故他所制戏装，其颜色就是根据喇叭花的各种颜色配成的。历史上，最常见的，当推民众性的赏花活动了。花会年年有，花乡处处兴，花城花会闻名中外。如山东菏泽花乡，自古是中国观赏牡丹的主要基地，这里的曹州牡丹花大、形美、色艳，极具特点。当今席卷世界的盆景，起源于唐朝。日本的花道历史悠久，而著名的"宏道流"，则是取法于中国。

中国人由赏花而产生的修身养性的精神动力，始自宋代。从散文学家周敦颐写《爱莲说》以后，人们都以莲花之"出淤泥而不染，濯清涟而不妖"，象征人品的高洁，情操的纯真。莲花，又名荷花、芙蓉，早在春秋时期，就成为艺术家描绘的对象，成功之作比比皆是。南宋吴炳所绘《出水芙蓉图》，便是传世珍宝。

中华民族是一个有着高度文化素质的民族，中国古老的灿烂文化有自己独具的特色。种花、养花、赏花既体现了古人对生活的热爱，也体现了中华民族对美的追求。

第六章

奇趣无限的童乐民俗娱乐

自古以来,对周围的所见所闻都充满好奇心和求知欲的儿童们,凭借他们很强的模仿力和创造力,编制、模仿出了许许多多好玩的游艺形式,丰富了他们的生活。而这些儿童游戏的传承经久不衰,成为我国民间游戏的重要组成部分。古代的岁时节令游艺活动,是在长期的历史演进中,顺应着岁时节令的规律而逐渐形成的。因此,游戏活动与岁时节令之间有着必然的对应关系。随着时代发展,游戏活动在古代不同的经济水平和民俗习惯相异的地区,都得到了不同程度的发展,并延续至今。

第一节
童趣游戏

 踢毽子

一枚铜钱，几根鸡毛，就可以做成一个毽子。踢毽子是女孩子最喜欢的游戏。

踢毽子有着悠久的历史。在古籍中，毽子也写作鞬子、箭子、燕子或蹀。在古都北京，踢毽子还有个富有诗意的名字——翔翎。

踢毽子起源于什么时候呢？传说，黄帝时代就有毽子了，但当时不叫"毽"，而叫"箭"，是练习武艺的一种器具。这种传说没有佐证，而且"箭"与"毽"的形状各不相同，不足为凭。据历史文献和出土文物考证，踢毽子大约起源于汉代，在考古发现的汉砖上，就有踢毽子的画面。到了唐宋时期，踢毽子非常盛行，踢的花样也很多，集市上还有制作出售毽子的店铺。

唐代释道宣《高僧传》中记载了一个故事，说有一个名叫跋陀的高僧到洛阳去，在路上遇到了12岁的惠光。惠光在天街井栏上反踢毽子，连续踢了500次，观众赞叹不已。跋陀是南北朝北魏时人，河南嵩山少林寺祖师，他非常喜欢惠光，便将他收为弟子。《高僧传》的原文是：

踢毽子

第六章 奇趣无限的童乐民俗娱乐

沙门慧光年方十二,在天街井栏上反踢蹀,一连五百,众人喧竞,异而观之。佛陀因见怪曰:"此小儿世戏有工。"

既是"世戏",当然其来有自。据宋人《武林旧事》"小经纪"条记载,临安城的手工业中,有"毽子、象棋、弹弓"等作坊,"每一事率数十人,各专籍以为衣食之地"。可见当时买毽子的人不少,也可以想见踢毽子游戏的普遍。宋人高承在《事物纪原》一书中,对踢毽子有这样的记载:

今时小儿以铅锡为钱,装以鸡羽,呼为"毽子"。三四成群走踢,有里外廉、拖抢、耸膝、突肚、佛顶珠等各色。

到了明清时期,踢毽子的游戏进一步发展,关于踢毽子的记载也更多了。明人刘侗在《帝京景物略》中记道:"杨柳儿青,放空钟;杨柳儿死,踢毽子。"可见踢毽子已成为民谚的内容。明清时已有正式的踢毽比赛,清人屈大均在《广东新语》里说,每年正月十五日,广州都举行踢毽子大会,男女老少云集在五仙观进行比赛。

据《广东新语》载,广州每逢元宵节,"昼则踢毽五仙观。毽有大小,其踢大毽者市井人,踢小毽者豪贵子。"所谓"市井人",也就是靠表演踢毽子为生的艺人。这种踢毽子艺人,在北京城中也有。

潘荣陛《帝京岁时纪胜》载:

都门有专艺踢毽子者,手舞足蹈,不少停息。若首若面,若背若胸,团转相击,随其高下,动合机宜,不致坠落,亦博戏中之绝技矣。

用全身各处触击毽子,"动合机宜,不致坠落",表现了很高的控制毽子能力。踢毽子表演不仅有单人的,还有双人的。清代无名氏《燕台口号一百首》记云:"琉璃厂有踢毽子者,两人互接不坠。"其表演的动作是:"内外拖抢佛顶珠,一身环绕两人俱。"从艺人的表演,可推知这时的踢毽子技巧已经相当之高。晚清北京民间踢毽子艺人还发展为四个流派,各有绝活,风格不一,时常摆下擂台,较量技艺。当时有童谣唱道:"一个毽儿,踢两半儿;打花鼓儿,绕花线儿;里踢外拐,八仙过海;九十九,一百。"说明踢毽子游戏之普及。

踢毽子固然老少咸宜,但更为女子所钟爱。李声振在《百戏竹枝词》中写到妇女踢毽子的乐趣,云:"缚雉毛钱眼上,数人更翻踢之,名曰'攒花',

幼女之戏也。踢时，则脱裙裳以为便。"词人陈维崧《沁园春》咏妇女踢毽子的情态是："盈盈态，讶妙逾蹴鞠，巧甚弹棋。鞋帮只一些些，况滑腻纤松不自持。为频夸狷捷，立依金井，惯矜波悄，碍怕花枝。"作为闺中游戏，踢毽子确实比踢球、下棋更为合适。清宫中的宫女们也好踢毽子，光绪帝的瑾妃就是一个踢毽子的能手。

民间踢毽爱好者，常常以口传身授的方法代代相传。以北京为例，每遇城乡庙会，各路能手，步行相聚，观摩比赛，甚是热闹。至民国初年，在地安门外举行了一次轰动京城的毽技大表演，会后成立了毽技组织。20世纪30年代，涌现了一批全国闻名的踢毽子能手，如北京的谭俊川、金幼申，上海的周柱国、陈鸿泰，河北的杨介人，浙江的谢叔安，河南的路锦城等等，数不胜数。踢毽技术在普及的基础上得到了提高，各种踢法丰富多彩，高难动作层出不穷，不同风格争奇斗胜，使观者眼花缭乱，叹为观止。

知识链接

踢毽子大赛

1928年月12月，在上海举办的中华国货展览会上，举行了第一次踢毽子公开比赛。1933年3月，在南京又举行了第一次全国性的踢毽子比赛，据当时报纸报道："报名参加者颇为踊跃，其中有河北的溥子衡、金幼申、杨介人三人，对于踢毽子极有经验……能踢之花式均有百余种之多，观者无不赞美。"比赛结果，杨介人获普通踢和花样踢第一名，溥子衡、金幼申并列普通踢和花样踢第二名，三人所踢花样有百余种之多。

踢毽的技巧很多，但基本的技巧只有四种，即：盘——双脚向内，交替踢毽；磕——屈膝弹毽；拐——外侧反踢；蹦——使用足尖，正面踢毽。在花样上，有旋转踢、空手圈踢、屈一腿脚连续单踢等，甚至还有"八仙过

第六章 奇趣无限的童乐民俗娱乐

海"、"苏秦刺背"等名目。集体比赛时,还附加远吊、近吊、高吊等踢法以表胜负。踢毽子的技巧比赛,常以肩、背、胸、腹、头、脚配合,做各种姿势,使毽子经久不落地,缠身绕腿,翻转自如。至于毽子的种类,一般以羽毛毽最常见,如鸡毛毽子、鹰毛毽子等,皮毛毽次之,此外还有绒线毽、纸条毽等。

毽子的踢法又可以分成"小武"和"大武"两大类,也就是北方俗称的"文科"与"武科"。

"小武"是一种基本的踢法,利用一脚支持体重,另外一脚用来踢毽。它的基本花式有踢、拐、膝、提、逗、蹬6种,又可以演变成50多种花样。小武的运动量小,变化不大,适合女性和儿童。

"小武"的踢法主要是单脚踢,这是小武最基本的动作之一。踢时左脚着地,支持身体大部分的重量,右脚由内弯向上踢,手臂应该自然摆动,眼睛注视毽子,着点要在右脚的内侧面上。由单脚踢逐渐演变成踢对儿(左右踢,俗称盘蛋)、堆宝塔(俗称节节高)、悬踢儿、悬踢对儿。除了单脚踢,还有拐,指单脚外踢,这是与单脚踢相反的一个动作,也是小武基本踢法之一。踢时,一脚着地支持体重,一脚向外拐向上踢,着点在外侧面上。此外还有膝、提、逗、蹬等等。

"大武"的花样复杂得多,它可以两脚跳离地,而用其中一脚踢毽。它的基本方式有勾、跳、跷、跪、踩、蹦、剪、扣、弯9种,也有50多种衍变出来的花样。

"大武"的踢法主要是勾,这是大武的基本踢法。踢时一脚在前,另一脚在后,前脚不须离地而支持大部分的体重,后脚上弯曲,弯踢时鞋底要尽量向上,也就是鞋帮要尽量向里勾,这样毽子上升的方向才能保持垂直,踢的次数也才会增加。同时,踢时要注意身体向前倾,让毽子的着点在后脚的内鞋帮上。此外,还有跳、跷、跪、踩、蹦、剪、扣、弯等等。

真正善踢毽子的好手,不仅能够运用脚尖、脚背、脚跟和脚底踢出种种花式,就是头部、胸部、肩部、背部、臀部和腿部都可以踢出上百种花样,令观赏者眼花缭乱,目瞪口呆。

踢毽子与其他游戏相比,其独到之处在于,它对调节人的眼、脑、神经系统和四肢的支配能力有着特殊的好处。从运动学的角度分析,踢毽子的技

术动作需要四肢通力配合,是一项全身运动。它主要以下肢做盘、磕、拐、蹦、落等动作来完成,通过抬腿、跳跃、屈体、转身等运动使脚、腿、腰、颈、眼等身体各部分得到锻炼。其中最显著的长处,在于可以让人体的关节得到横向摆动,带动了身体最为迟钝的部位,从而大大提高了各个关节的柔韧性和身体的灵活性。另外,长期参加踢毽子还能增强心肺功能,促进血液循环。踢毽子要求技术动作准确,使毽子在空中飞舞不能落地,每种动作在瞬间完成,这样就会使人的大脑高度集中,心身专一,从而排除了杂念,使游戏者感到身心舒畅,活力无限。踢毽子对糖尿病人有特别的帮助。糖尿病患者由于血糖偏高,缺乏运动,下肢会逐渐萎缩。而踢毽子主要以腿部、脚部运动为主,带动全身血液循环,这对血糖的调节起着重要的作用。踢毽子对颈椎病、腰椎间盘突出、肩颈病和坐骨神经痛等慢性疾病,也能起到很好的缓解作用。

毽子易做,踢毽子易学,是这种游戏流行的重要原因。毽子易做,首先是材料随手可得,一两枚铜钱,三五根鸡毛,半节鹅毛管,再找一些碎布、针线,材料就齐备了。制作也简单,七八岁小孩都会自己动手做。汪曾祺在散文《踢毽子》中说道:"我们小时候踢毽子,毽子都是自己做的。选两个小钱(制钱),大小厚薄相等,轻重合适,叠在一起,用布缝实,这便是毽子托。在毽托一面,缝一截鹅毛管,在鹅毛管中插入鸡毛,便是一只毽子。"这种简单的游戏,却给了作家难忘的回忆。

抓子儿

抓子儿是一种普遍流行的传统游戏。《红楼梦》六十四回有一段描写,说:

> 宝玉遂一手拉了晴雯,一手携了芳官,进入屋内。看时,只见西边炕上麝月、秋纹、碧痕、紫绡等正在那里抓子儿赢瓜子儿呢。却是芳官输与晴雯,芳官不肯叫打,跑了出去。晴雯因赶芳官,将怀内的子儿撒了一地。宝玉欢喜道:"如此长天,我不在家,正恐你们寂寞,吃了饭睡觉睡出病来,大家寻件事顽笑消遣甚好。"

大观园里这群可爱的丫环们,玩的正是"抓子儿"游戏。

第六章 奇趣无限的童乐民俗娱乐

这种游戏中的"子儿",一般是用小布袋盛米制成,大如蜜枣。但各地自然环境不同,材料也自然不同,也有用蚕豆、枣核、石子、骨头之类充当的。在北方的一些地方,有时是用针线把玉米粒串成小环,大概十几粒玉米串成一个,这样的子儿几乎每个女孩都有。

在山地,用小石头做子儿的更多。孙犁在《风云初记》里,写一个名叫芒

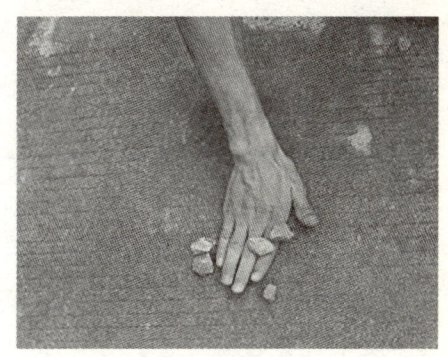

抓子儿游戏

种的青年走在山地里的石子路上,"他捡了几块又圆又滑的紫色小石头装在兜里。平原的孩子们欢喜这些小石头,偶尔才能从田地里拾到一块,说是老鸹从山里衔回的枕头。他预备回去送给女孩子们抓子儿"。这就是说,送给女孩做子儿的石头,要光滑、好看,传说它们是老鸹的枕头。

在平原,大抵小石子很少,所以多用米袋儿。汪曾祺在他《詹大胖子》一文里,写到一所他苏北家乡的小学生活,大致是:"上课了,学生奔到教室里,规规矩矩坐下来。下课了!詹大胖子的铃声摇得小学生的心里一亮。呼——都从教室里窜出来了。打秋千、踢毽子、拍皮球、抓子儿……"这里的抓子儿,应该是用蚕豆或米袋。

抓子儿,亦称抓子、捉七、拈石子、倒子儿、抓蛋儿、抓羊拐,是一种简单而又有趣的民间儿童游戏。这种游戏是从何时开始的,很难考证。据明人刘侗、于奕正《帝京景物略·春场》写正月的风俗云:

　　是月也,女妇闲,手五丸,且掷、且拾、且承,曰"抓子儿"。
　　丸用橡木、银砾为之,竞以轻捷。

由此可见,至迟在明代,已经有了这种游戏。而用来做子儿的材料,是橡木、银砾,这里应指中上层人家而言。

根据学者研究,抓子儿的游戏除了娱乐之外,还有助于儿童理解数字的组合与守恒,有利于孩子锻炼手眼的协调。因为抓子儿有多种玩法,譬如:

最简单的是"五子玩法"。首先把五个子儿随手撒在桌子、床上或地上,接着从中挑选一个做"飞子",剩下的四个子有这么几种组合:一一一一(称

为个子);一二一,二一一,一一二,二二(称为对子);一三,三一,四(称为把子)。以抓"个子"为例,玩家用右手把飞子抛起来,再用右手捡一个子儿放到左手,接着接住飞子。依次把四个子都捡到左手后,重新撒子,开始下一个组合。当所有的组合完了以后,可以升级为只用单手或者用左手抛子。在玩家玩的过程中,对家要监督,比如:在玩"个子"的组合中,一次只能捡一个子,而不能碰别的子儿;在从右手送到左手的过程中,不能掉落,左手也不能漏子,否则就是犯规,要换给对家玩。

复杂一些的是"七子玩法",基本规则同上,但子儿的组合不同。其组合有:一一一一一一一(也称个子);二二二(也称对子);一二三,三二一,三三(称为对三);二四,四二,一五,五一,六(也称把子)。要一一完成玩的程序,才能算赢家。

最后是"大组合玩法",可以有很多子儿,分为几组人一起玩。谁犯规就把抓到自己手里的子儿按相应的规定赔出来,和进下一轮一起玩,直到所有的子儿都抓完,抓得最多的为赢家。

抓子儿的子儿数量没有一定限制。技术越是娴熟的女孩,玩的子儿越多。这个游戏是儿童接触到的最早的数字组合,它要求思维敏捷,手眼协调。面对杂乱的子儿,要按照就近、方便的原则去判断与行动。比如面对一排四个子儿,要求是"对子",那么可以先抓中间两个,再抓最外边两个;也可以先抓左边两个,再抓右边两个。这一切,都必须在极短的时间内判断与完成。

抓子儿流行于各地,玩法也稍有差异。

北方女孩的抓子儿,多用羊脚或猪脚骨头上的关节做成子儿,各面染上不同的颜色。玩时,先把子儿撒在地上或桌面上,手里留一颗。然后抛起手中这一颗,趁它还没落下前,迅速翻转地下的子儿,尽量使朝上的颜色是一致的,再接住抛起来的子儿。等颜色全部一致后,再次抛起手中的子儿,把地下的子儿全部抓在手中,并接住抛起的子儿。

山区女孩的抓子儿,通常拣选六颗大小相仿、外表光滑的石子。玩的时侯,女孩们蹲在地上围成一圈,通过手心、手背来分成两伙,然后游戏开始。先将六颗子儿撒在地上,捡起一颗作"跳子儿",将它轻轻抛到空中,然后飞快地抓起地上的一颗子儿放到另一只手里,再接住从空中落下来的那颗"跳子儿"。接着再把它抛起来,用同样的方法一一抓回剩下的子儿。中间只要失

144

第六章 奇趣无限的童乐民俗娱乐

手,游戏就算失败。如果五个子儿全部抓回,中间没有失误,游戏就可以升级,也就是一次抓两个子儿。抓法可以是一颗、两颗、两颗,也可以是两颗、两颗、一颗或者是二夹一。如果顺利完成了,就一次抓三个子儿、四个子儿,乃至五个子儿。其间,撒子儿的力道、子儿间的距离、跳子儿抛起来的高度,以及抓子儿的速度,都要把握得恰到好处才行。这还不算,之后还要用子儿在手背、手心上翻转跳接,玩出各种更高难度的花样来。

湖南益阳女孩的玩法是用小石子五粒握在手中,掷上其中一子,同时将其余四子掷于桌面或地上,俗称"放子"。而后开始拾子,即掷上一子,继而俯拾一子,再掷上一子,继而俯拾二子,依次拾完。然后把四子都撒在桌上,掷上一子,继而俯拾全部四子。最后,把四子全部撒在桌上,掷上一子,继而先俯拾对方选定二子,再把其余二子叠高,再俯拾之。按照以上程序顺利完成者为赢家。

天津女孩把抓子儿叫做"倒子儿"。玩法是用一只手或者两只手,将二至四个不等的子儿,一个接一个接连不断地往空中抛,接住这个子儿,再抛出那个子儿,待那个子还没落下来之际,再抛出另一个子儿。按此周而复始地来回抛着子儿,使每个手中总保持一个子儿,故名"倒子儿"。现在杂技团表演的一些杂耍节目,与倒子儿游戏出自同样的原理。倒子儿游戏规定抛出去的子儿不能在空中相撞,也不能让任何子儿落地,否则为输。这种游戏可以充分发挥女孩十个手指的灵活性。

杭州女孩玩的抓子儿,除石子外,还有李核、杏核和盛沙的小布袋等。玩法有两种,动作则不外掷、拾、承。玩法之一,是每人衣袋中各备一堆子儿,出子儿时,大家同声唱念:"出,出,一大把,不出一个就出俩。"念毕,张开手掌,谁多谁先抓。一次决出后,将大家所出子儿归拢一处,撒在桌上,讲好"抓三"还是"抓二"。若"抓三",则只能抓那些自然形成的以"三"为一组的,抓完则止。玩法之二,先将子儿全部兜在掌心,然后抛起,翻过手掌,以掌背承下落之子儿。接着将手背上的子儿再抛一次,迅速翻过手掌,以掌心承子儿。其要求是掌背上所有的子儿必须全部接在掌心,跳出手心者叫"炸子儿"。凡是炸子儿的,则前功尽弃,承得的子儿归自己,跳出手心的子儿归他人。

浙江乌镇的抓子儿叫做"捉七",子儿是用零头布缝制的七只小沙袋,每

只有麻将牌大小。游戏时，参加者将七只小沙袋抓在手中，任意撒向桌面，然后取出其中一只，抛向上空。当空中那只子儿尚未落到桌面时，抛者即迅速用手聚捉散于桌面的其他子儿。捉子儿时，以不碰动未被捉取的子儿为准，若有碰动即判为失败。谁能顺利捉完桌上的子儿即算取胜。沙袋一般都是女孩自己缝制，也是从小训练女红的功课。

四川绵阳的抓子儿，也是用七粒石子。玩法是先把它们置于地面，用手翻抓，以一个"母子"带动其余的子儿。可用手心、手背，来正抓、反抓，手法必须准确敏捷，干净利落。

关中把抓子儿叫做"抓蛋儿"，是女孩最喜欢的一种游戏。城里女孩的子儿，一般用瓦砾磨成。家住河边的女孩，常从河里捡些小石子做子儿。小石子五颜六色，抓的时间长了，颗颗晶莹，很是好看。其玩法，二至三人都可。玩时每人依次将七个子儿一起抛向空中，然后用手背接住，以接的颗数多少决定比赛次序。接得多的是头家，其次为二家、三家。定出次序后，头家先将七个子儿撒在地上，然后任捡一个掷向空中，并趁子儿下坠的刹那间，抓起地上的一个子儿，接着抓第二个、第三个。最后，将七个子儿一起抛向空中，用手背接住，再用手背抛起，用手心在空中抓住。这个动作难度最大，不免丢三落四，很难将七个子儿全部抓住。其胜负按照各家在最后动作中得到子儿的多少来判定。

在东北，抓子儿叫"抓嘎拉哈"。据说抓嘎拉哈原是满族、锡伯族等少数民族的古老游戏。每当春节到来，从正月初一到十五，女子们便停下针线活，三五成群地玩嘎拉哈。据文献记载，这种游艺活动源流很久，最早是用鹿、獐、狍、麋等蹄腕骨做成嘎拉哈，随手抛掷为戏，以倒、仰、横、侧分胜负，以猪、羊赌输赢，多为男人嬉戏。到了17世纪初，清人在沈阳定都后，才演变为妇女儿童的游艺，多为少女喜好。早年的嘎拉哈，是把剔出的鹿前腿腕骨里灌上锡制成。沈阳的嘎拉哈则改用猪、羊前腿腕骨，涂以红、绿、黄、蓝等颜色。其玩法由抛掷改

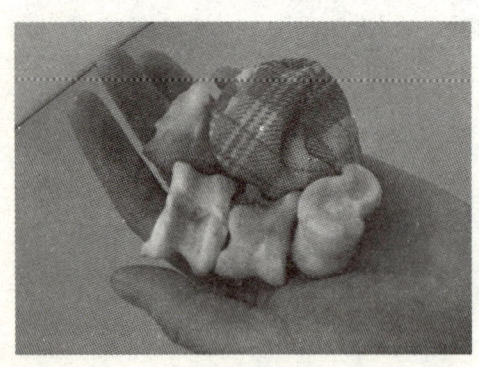

抓子儿

第六章 奇趣无限的童乐民俗娱乐

成抓取，花样比以前更为繁多，如紧锅、慢锅、火球儿、坐锅子、大把儿、大堆儿等。后来还出现了抓嘎拉哈加上钱码头的玩法，更加有趣，如摈子、抓对、扒大堆、三漏一、倒肠子等。有一种玩法，叫做"老鸽子叼"，要掌握熟练技艺的人才能玩。其玩法是用十数枚古铜钱捆扎在一起作为"钱码头"，先把嘎拉哈子撒在炕上，然后把钱码头抛起来，在抛起来的同时抓起一个嘎拉哈子儿，放在嘴边咬住，迅速地以手接住钱码头。接着，依次将接住的钱码头抛起来，用手拾起炕上两个靠近的嘎拉哈，放在嘴上用牙咬住，并同时取下嘴里咬住的前一个嘎拉哈子儿，然后再起抛接住的钱码头。照此反复进行，需要熟练的技巧。

另一种玩法叫"劈白菜儿"，方法更为复杂。先把钱码头和一个嘎拉哈同时抛起来，迅速地抓起撒在炕上的两个靠近的嘎拉哈，返手接住钱码头，再去抓住抛起的那一个嘎拉哈，交替进行，直到抓净炕上所有子儿为胜。最有趣的是对负者的罚例，多种多样。有一种叫"摸花针儿"，胜者把负者眼睛蒙上，把针扔到一边，让负者摸。若有人与负者有交情，可暗示针的方位，反之则可偷偷把针扔到偏僻地方，让负者摸不到。

也有人认为，"嘎拉哈"起源于蒙古族和达斡尔族女孩的游戏，蒙古语叫作"嘎拉哈"，达斡尔语叫作"喀什哈"。据《塞上杂记》记载："作喀什哈，云塞上六歌之一，以羊膝骨为之。"据说这种游戏在元朝时传入北京地区，俗称"耍拐儿"，后来又叫"抓子儿"。所谓"拐"，实际就是把羊腿骨关节经过蒸煮、去油、上色所制成的玩具。其四面虽然凹凸不平，但却很有规则，加上五颜六色的装饰，另有一番特色。

"抓羊拐"是西安女孩的叫法，"羊拐"也即羊脊椎上的骨头。抓羊拐在关中西部一带叫"抓羊儿"，关中东部又叫"抓核儿"。叫法虽然有别，玩法其实大同小异。有一点可以肯定的是，抓羊拐、抓羊儿、抓核儿一直是女孩的专利游戏，男孩很少玩。

以极为易得的材料做成游戏的玩具，无论在何种场合，都可以玩这种游戏——这是抓子儿最可爱的地方。

陀螺

没有什么东西比陀螺更容易引起哲学家和诗人的联想与感慨了。哲学家指出:

陀螺的命运非常不好,它总被人抽打得团团转,而这就是陀螺的命运。但是,把活生生的人当作陀螺来使唤,那绝对是做人的悲哀。"诗人却唱道:"我是陀螺,爱人是鞭子,爱人紧紧的拥抱,是我唯一的依赖。用思念绞成的绳索,是一条遥控的长鞭,即使走出日子的轮转,也要爱人远远的牵引。"

实际上陀螺是一种钟形、木制、能在地上转动的玩具。抽陀螺,则是一种相当古老而现代人仍然很喜欢的游戏。陀螺也称陀罗,或者打地螺、打格螺、打猴儿、抽地牛等等。陀螺是一种最常见的儿童玩具。其基本形制是用木头削成一个顶平底尖的圆锥体,考究些的还在尖脚部安一粒钢珠。通常的玩法是先用一根小鞭子的鞭梢稍稍缠住它的腰部,用力一拉,使之旋转起来,然后用鞭子不断抽打,令其旋转不停。所以,人们将这种游戏称为"抽陀螺"或"鞭陀螺",在部分地区儿童们的嘴里,还有"抽贱骨头""打懒婆娘""耍冰猴儿"等带有恶谑意味的俗称。

有人推测,陀螺的发明与发展,经历了手旋陀螺、鞭旋陀螺和鸣声陀螺三个阶段。手旋陀螺就是用一个圆片,中央贯轴,然后以手旋轴,使圆片自转,也就是宋人周密《武林旧事》所载的"千千车轮盘"等儿戏之物。宋代有一种类似陀螺的玩具,叫作"千千"。"千千"是个长约一寸的针形物体,放在直径四寸的象牙制的圆盘中,用手拧着旋转,比赛谁转得最久。这是当时的嫔妃宫女用来打发深宫无聊时光的贵族游戏。据清人杭世骏《道古堂集》说,这种手旋陀螺在明代成为宫人普遍喜爱的游戏,

鞭旋陀螺

第六章 奇趣无限的童乐民俗娱乐

称为"妆域"。它除了制作更加精致之外,还有新的玩法,即当它转速减缓而有停转或歪倒之虞时,允许用衣袖拂拭,即借助外力补救。谁转的时间长谁赢,游戏规则是不许转出事先划定的界限。这个"袖拂"动作,后来便蜕变成一根小绳鞭。成书于明代的《帝京景物略》记载,当时北京流行抽陀螺游戏,并介绍了具体玩法,同现代的鞭旋陀螺完全一样。据此推断,手旋陀螺产生于宋代"千千",经过明代袖拂"妆域"的过渡,最终发展为鞭旋陀螺,其具体时间约在明代中期或稍后。

另外,也有人举出唐代文人元结所著的《恶圆》:"元子家有乳母,为圆转之器,以悦婴儿,婴儿喜之。母使为之聚孩孺,助婴儿之乐……"这个"圆转之器"能够产生"聚孩孺"的效用,足见玩起来吸引力之强,估计可能就是手旋陀螺之类。这样,手旋陀螺的产生时间又可往前推数百年。

还有人指出,陀螺至迟在宋代已十分流行。宋人留下的绘画作品中已能见到陀螺和小鞭子,证明了那时陀螺与现在的形制已基本相同。

此外,有人认为陀螺的发明与发展历程应是先有鞭旋陀螺,然后再有手旋陀螺与鸣声陀螺。而鞭旋陀螺早在原始社会就产生了,依据是学者于20世纪20年代提出的一份题为《西阴村史前的遗存》的考古报告。该报告称,山西夏县西阴村仰韶文化遗址中,有一个陶制小陀螺出土。这个陶制小陀螺的形制及其用途究竟能否推出陀螺游戏出现的时间,因实物湮失,难以查考。但如果此说落实,则陀螺的产生时间,起码可以前推4000年以上。至于手旋陀螺,论者以为是在原始社会的鞭旋陀螺的基础上发展而来的,最初的制作方法是选择一个分量较重的方孔钱,在钱孔中固定一根长约一公分左右的竹柄。文献上虽没有记载这种游戏,但这种游戏必是出现在钱币产生以后,那是毫无疑问的。

最后发明的是鸣声陀螺,但时间至晚不过五代,这一点有日本史料为证。据《日本的游戏》作者考证,日本游戏"念独乐"是从中国通过朝鲜渡来日本的。所谓"念独乐",就是鸣声陀螺,"念"指鸣声,"独乐"和"陀螺"的字音相近。而据《倭名类聚抄》称,它的最初译名叫"辨色立成"。该书出版于日本承平年间(931—938年),由此推定,从中国传到朝鲜、日本去的鸣声陀螺,当在后唐明宗长兴二年(931年)以前。

"陀螺"这一名词,在明朝才出现。刘侗、于弈正《帝京景物略》云:

杨柳儿青，放空钟；杨柳儿活，抽陀螺；杨柳儿死，踢毽子。

可见明代抽陀螺已经是普遍的游戏。

抽陀螺的方法非常简单。陀螺的形状是一个圆锥形的短木，上端微隆，下端尖锐。玩时，把它放在地上，用一根小鞭儿抽它，使它旋转，一面转一面抽，就会转个不停。根据记载，当时陀螺是木制的，实心而无柄，用绳子绕好了，一抛一抽，陀螺便在地上无声地旋转。当它缓慢下来时，再用绳子鞭给它加油，便可转个不停。这种玩法传了数百年，依然没有什么变化。

由于时代进步，制作材料不同，大家玩的陀螺各式各样，且玩法也有不同，尤其在木陀螺方面，由于成人的参与，陀螺愈做愈大，从数十克到几公斤、几十公斤，甚至到72公斤、90多公斤的都有人玩。陀螺的种类，从古至今如果按照材料和功能来分，大致有以下几种：

手捻陀螺：就是用手拧转着玩的陀螺，由于材料不同，此类陀螺有很多种。主要的特点，是随地取材，可以自己动手来做，不管是在桌上、地上，随处可玩。

竹制陀螺：是用竹子制成的，因为玩的时候会发出鸣声，又名地铃或响螺。又因为它和普通陀螺形状不同，上端有轴柄，可供缠线抽转用，所以又称它有柄响螺。

木制陀螺：是一种钟形的能在地面上转动的玩具，宜用硬木来做，最好是蕃石榴树干，其次是龙眼木、九芎木和樟木，其他的就差些。车成上圆下尖的陀螺形，再用沙纸磨光，最后在尖端钉进一根铁钉。用铁钳把钉帽截断，把露在陀螺外约一公分的铁钉敲扁、磨尖，就完成一个陀螺的制作了。

铁制陀螺：铁陀螺是用生铁铸成，中间有圆形凹陷，反面尖尖的，是一个外形呈六角形的锥体，看起来就像一朵六瓣的花。玩法是先准备一个硬纸盒，将纸盒中央部分弄凹，以便铁陀螺在纸盒上旋转时能够滑向纸盒的中央。铁陀螺的旋转全靠细绳的抽转。把细绳的一端贴着陀螺底部尖端的侧面，用手指压住，然后由内向外绕，使绳子紧绕在陀螺底部。两人进行比赛时，将绕好的铁陀螺同时用力抽向纸盒。当两只陀螺在纸盒中央相碰，会发清脆的响声，而旋转力较强的陀螺会将另一只陀螺撞弹出盒外，那只被弹出盒外的陀螺就算输了。

第六章 奇趣无限的童乐民俗娱乐

塑料陀螺：这种陀螺是专为响声而做的，陀螺中空有洞，上下有柄。上边的柄可以用来缠绳抽转，一旦旋转起来，洞眼便发出呜呜的声响。为了使它旋得更快，声音更大，往往在绳端系一活动的小木片，缠好绳后，一手以木片紧抵陀螺，一手猛力从木片洞口抽绳，这样陀螺便会飞转，发出洪亮的音响。

橡筋陀螺：也由塑料制成，外形像个小飞碟，上下各有一支轴柄。利用橡筋的拉力，将陀螺固定在枪形的发射器上。玩时，右手握住手枪形的发射器，食指轻扣扳机，左手转动陀螺，使橡皮筋绞紧。放松扳机后，陀螺就固定在发射器上待发。发射时扣动扳机，陀螺就会自动旋转射出。

雷达陀螺：这是现代产品，也是科学玩具，用不锈钢制成。玩法是用一条棉线缠绕陀螺的中间轴，然后迅速一抽，使它旋转。再将它放置在支架上，由于中间轴心飞快的旋转，整个陀螺会像雷达天线一样，作360°度的转动。

电磁陀螺：也是一种现代产品，外壳用彩色塑料制成，直径只有2厘米左右。在陀螺内部，装有一个小巧的永久性电磁铁。

不锈钢陀螺：这种陀螺是用不锈钢材料制成的，外表光亮，形式美观，下呈锥形，很像小木陀螺。上部有柄，亦像竹陀螺。

散步陀螺：这种陀螺也用不锈钢成，下端不是尖的，而是碟形，所以转动的时间能较为持久。中间有一长轴穿出，上端有一个可以灵活旋转的铁环，铁环上系着一条长长的绳。如果将陀螺向空中一抛，它会马上在空中旋转起来，这时轴心水平地打转。在陀螺打转时，可以牵着细绳，像遛狗一样带着它去散步。

陀螺的分布地区，几乎遍及全国。抽陀螺现在成了民族运动会的比赛项目，其比赛方式主要是由云南拉祜族的对抗性打陀螺比赛改造而来的。比赛时，在一块平整的地面上设放陀区和打陀区，守方将陀螺旋放于放陀区，待陀螺旋转稳定后，攻方站在打陀区扔出自己旋转的陀螺去打击放陀区的守方陀螺，以将守方陀螺击死或砸出界外，而自身保持旋转者为胜。比赛分个人赛和团体赛两种，其规则是，比赛场地呈长方形，正中央放两块胶垫，垫上画一个圆圈。防守的一方将陀螺掷在圆圈内旋转，由进攻一方在外面用自己的陀螺掷打，如果击不中不得分，如果击中可以得分。

知识链接

陀螺趣闻

在广西壮族聚居的地方，每年都举行一次有名的体育盛会——陀螺节。时间是由旧历年除夕前两三天至新年正月十六日，历时半个多月。

一些少数民族的少男少女，以打陀螺作为社交活动。在黄昏前后，男女青年纷纷登场献艺，鞭声呼呼，陀声嗡嗡，笑声阵阵，情意浓浓，情景非常热闹。待到明月冉冉，清风习习，流泉淙淙，琴声悠悠，青年们开始对歌。女唱："哥雕陀螺妹搓绳，陀螺就是阿妹心。妹心绊在陀螺上，同心夺得第一名。"男唱："无绳陀螺旋不转，有源活水味甘甜。绳绕陀来陀缠绳，旋出一朵并蒂莲。"

台湾桃园大溪镇有一项相当特殊的民俗游戏，就是抽陀螺，当地人几乎从小到大都会抽陀螺。福仁宫的一代陀螺王所展示的陀螺重达百斤，打陀螺的麻绳比拇指还粗。这里的陀螺分为7种：超小型陀螺，体积比手指头还要小；小型陀螺，通常为10岁以下孩子所玩；中小型陀螺，小学五六年级的学生可玩；中型陀螺，十三四岁以上的孩子可玩；大型陀螺，适合成年人玩；特大型陀螺，重量在百斤左右；陀螺王，重达百余斤，最高记录达300多斤。

竹蜻蜓

只要有一片薄薄的竹篾，一根细细的把柄，用力一旋，它就会飞起来，这就是竹蜻蜓。竹蜻蜓的出现，或说始于晋朝，或说始于明朝。它的原理与桨和橹有关，而桨和橹在中国已有4000多年历史。它后来传入欧洲，对现代直升机的诞生产生了启迪作用。

现代直升飞机的概念，最早要追溯到中国古代的竹蜻蜓。有些学者认为，

第六章 奇趣无限的童乐民俗娱乐

在晋朝葛洪所著的《抱朴子》一书中,就描绘了通过旋转的竹蜻蜓垂直升空的情景和可以通过旋转的螺旋桨产生垂直的向上拉力,有学者认为这是世界上最早的对垂直起降直升机基本原理的描述,尽管依据并不是十分充足,但竹蜻蜓对世界航空发展的贡献是举世公认的。早在热气球发明之前,竹蜻蜓就作为玩具传到了欧洲,这种奇妙的垂直升空玩具被欧洲人看作是一种航空器来进行研究。西方的许多航空先驱者,都是从竹蜻蜓中悟出了一些重要航空原理,以至有人说,是中国的竹蜻蜓和意大利人达·芬奇的直升机草图,为现代直升机的发明提供了启示,指出了方向,它们被公认为直升飞机发展史的起点。

当孩子们用双手夹住竹棒使劲一搓,竹蜻蜓便旋转着飞向空中,随着惯性减弱,转速降低,竹蜻蜓又会旋转着稳稳地落回地面。尽管竹蜻蜓没有连续提供动力的装置,但它却给那些梦想升天的发明家们以极大的启示:如果给它装上一个适当的动力装置,使之能够连续不停地旋转,不就可以克服空气的摩擦力,在空中长时间地飞行了吗?

一个有趣的事实是,西方人称竹蜻蜓为"中国陀螺"。《简明不列颠百科全书》第九卷写道:"直升机是人类最早的飞行设想之一,多年来人们一直相信最早提出这一想法的是达·芬奇。但现在都知道,中国人比中世纪的欧洲人更早做出了直升机玩具。"

之所以把竹蜻蜓叫作"中国陀螺",是因为竹蜻蜓和木陀螺有共同的原理。正式提出"陀螺"这个术语的,是19世纪的法国物理学家傅科。在英语中,陀螺就是"回转体",竹蜻蜓也可以说是一种陀螺。静止的陀螺在地面上是立不起来的,可是当它旋转起来以后,就立得很稳了。原因是一个物体旋转起来以后,就具有一种特性:保持旋轴方向不变。陀螺的这种特点,科学家称为"定轴性"。高速旋转下的陀螺,这个特性更明显,而且转速越高,转得越稳。

竹蜻蜓

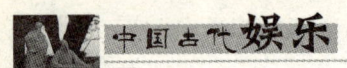

中国古代娱乐
ZHONG GUO GU DAI YU LE

  古代中国人也许是从蜻蜓的飞翔中受到启示,制成了会飞的竹蜻蜓。它传到欧洲后,启发了人们的思路,被誉为"航空之父"的英国人乔治·凯利一辈子都对竹蜻蜓着迷。他的第一项航空研究就是在1796年仿制和改造了竹蜻蜓,并由此悟出螺旋桨的一些工作原理。他的研究推动了飞机研制的进程,并为西方的设计师带来了研制直升机的灵感。而据清人徐赛先《香山小志》记载,公元17世纪,中国苏州的巧匠徐正明整天琢磨小孩玩的竹蜻蜓,想制造一个类似蜻蜓的直升飞机,并想把人也带上天空,经过十多年的钻研,他造出了一架"直升飞机"。这架直升飞机有一个竹蜻蜓一样的螺旋桨,驾驶座像一把圈椅,依靠脚踏板通过转动机构来带动螺旋桨转动。试飞的时候,它居然飞离地面一尺多高,还飞过一条小河沟,然后才降落下来。

  竹蜻蜓是中国人发明的,可惜,长期以来中国人只是把它作为儿童的玩具而已。当中国孩子兴高采烈地在草地上放飞竹蜻蜓时,西班牙、意大利、法国、德国、美国、俄国的科学家们,都在为现代直升机的研制而奋斗,小小的竹蜻蜓虽然给我们带来了许多的思考,但却没有深入研究,以致最终没能发明出真正的直升飞机。

抖空竹

  抖空竹,又叫"抖空钟""抖空筝",是古代流行于北方的一种传统儿童游戏。

  抖空竹在我国有着悠久的历史。明刘侗、于奕正在《帝京景物略·春场》中记载说:"空钟者,刳木中空,旁口,汤以沥青,卓地如仰钟,而柄其上之平。别一绳绕其柄,别一竹尺有孔,度其绳而抵格空钟,绳勒右却,竹勒左却。一勒,空钟轰而疾转,大者声钟,小亦蚰蜒飞声,一钟声歇时乃已。制径寸至八九寸,其放之,一人至三人。"古代的这类所谓"空钟",北京俗称"抽绳转",天津人叫它"闷壶卢"。有的地方叫"地铃",李家瑞《北平风俗类征·游乐》引坐观老人的《清代野记》说:"京师(指北京)儿童玩具,有所谓'空钟'者,即外省之地铃。两头以竹筒为之,中贯以柱,以绳拉之作声。唯京师之空钟,其形圆而扁,加一轴,贯两车轮,其音较外省所制,清越而长。"

第六章 奇趣无限的童乐民俗娱乐

综上所述,空钟也罢,闷壶卢、地铃也罢,都是同一玩具。不过,一般所说的"空竹",是专指抖在空中嗡嗡作响的那一种。这种空竹,明代末年成书的《帝京景物略》中尚无记述。到了清代,有关记述渐渐增多起来,抖空竹遂成为人们,尤其是儿童喜爱的一种游戏。

这种典型的空竹,一般分为单轴和双轴两种,轮和轮面为木制,轮圈为竹制,竹盆中空,有哨孔,旋转时可发出"嗡嗡嗡"的

抖空竹

响声。空竹中柱腰细,以便于缠线绳抖动时旋转。抖空竹者双手各持两根二尺左右长短的小木棍(或小竹棍),其顶端皆系一根约五尺长的棉线绳,两手握住小木棍的两端,使线绳绕轴一圈或两圈,一手提一手送地抖动,加速旋转使之发出鸣叫声。

清代一位不知名的人所著的《燕京杂记》,在记述当年京师空竹的制法、玩法时这样说过:"京师儿童有抖空竹之戏,截竹为二,短筒中作小干,连而不断,实其两头,窍其中间,以绳绕其小干,引两端而擞抖之,声如洪钟,甚为可听。"

清代的空竹除了在民间儿童中流行,还传入宫中,为宫中妇女所喜爱,并出现了不同形式的抖的方式。清人无名氏《玩空竹》诗曾这样形容:

上元值宴玉熙宫,歌舞朝朝乐事同。

妃子自矜身手好,亲来阶下抖空中。

原注云:"空中,玩器之一。近舞于京师,新年,王孙、贵姬擅长者皆为之。宫中妃嫔亦多好焉。舞式有'鹞子翻身''飞燕入云''响鸽铃'等。"抖空竹的名堂也不算少,除以上所述及的花样之外,还有"攀十字架""扔高""张飞骗马""猴爬竿"等。尤其是"扔高",有的能将空竹抛向空中达数丈高,待其下落再以抖线承接,准确无误,也堪称一绝。

抖空竹自清代以后得到了继续发展,并在民间广为流传,同时也成为了杂技艺术中的重要表演形式。

捉迷藏

捉迷藏是我国古代普及广泛，流行时间较长的一种传统儿童游戏。

捉迷藏在我国古代有着极为久远的历史。作为一种儿童娱乐游艺形式，它既简便易行，又能满足儿童们的某些心理需求。在游戏中藏匿起来让人寻觅不到以及多方寻找终于发现，是极能引起儿童快感的一种娱乐方式。捉迷藏的游戏方式有多种，均大同小异。相传宋代的司马光童年时和小伙伴们玩捉迷藏的游戏，一儿童不慎掉在水缸里，司马光急中生智，用石头把缸打破，救出了这个儿童。从这一家喻户晓的故事中可知，捉迷藏游戏在我国古代是很盛行的。

但是，这一具有悠久历史的儿童游戏的文字记述直到唐代才出现。唐明皇李隆基和贵妃娘娘杨玉环是历代文人常常挂在嘴上的人物，他们的故事也的确不少，真真假假，难以辨别。据说捉迷藏也和他们有关。元人伊世珍《琅嬛记》卷中引《致虚阁杂俎》记载："元宗与玉真恒于皎月之下，以锦帕裹目，在方丈之间，互相捉戏。玉真捉上每易，而玉真轻捷，上每失之，满宫之人抚掌大笑。一夕，玉真于裌服袖上，多结流苏香囊，与上戏。上屡捉屡失，玉真故以香囊惹之，上得香囊无数。已而笑曰：'我比贵妃差胜也。'谓之捉迷藏。"这种民间儿童游戏，本是不值得一记的，这回沾了帝王的光，才有幸来到文人笔下。而这也是这一早已流行的游艺形式直到唐代才见于文字记述的原因。唐代诗人元稹曾写过五首《杂事》诗，其中一首这样写道：

寒轻夜浅绕回廊，不辨花丛暗辨香。

忆得双文胧月下，小楼前后捉迷藏。

"双文"，据说就是唐传奇小说《莺莺传》中的崔莺莺，这首诗是元稹回忆当年与她在花前月下捉迷藏的情景。

从这些资料的记载来看，捉迷藏是晚间所行之戏。五代时的花蕊夫人的《宫词》也曾透露这个信息，诗云：

内人深夜学迷藏，遥遍花丛水岸旁。

乘兴或来仙洞里，大家寻觅一时忙。

大约是为了增加"捉"时的难度和兴趣吧，才把这项游戏安排在晚上。

到了明代，另有一种童戏叫"摸瞎鱼"，这种游戏与捉迷藏是同类但又有

所区别。明人沈榜《宛署杂记》记述说:"摸瞎鱼:群儿牵绳为圆城,空其中方丈。城中轮着二儿,各用帕,厚蒙其目,如瞎状。一儿手执木鱼,时敲一声,而旋易其地以误之;一儿候声往摸,以巧遇夺鱼为胜,则拳击执鱼儿,出之城外,而代之执鱼,轮入,一儿摸之。"把儿童捉迷藏这一游艺形式描绘得惟妙惟肖。清代,民间把捉迷藏叫作"扎盲",清代褚人获《坚瓠集·二集》卷三这样说:"儿童以绸扎眼相扑捉,谓之'扎盲盲'。"东北俗称"藏猫儿",大约是把"扎盲盲"说白了。

今天,捉迷藏、扎盲盲、藏猫儿都已并存于人们的日常口头用语中。捉迷藏这一古今儿童喜玩的游戏,将长久不衰。

第二节
民俗节令游艺

 **拔河**

拔河是一项历史非常悠久的群众性娱乐活动。相传拔河起源于水战,早在春秋战国时期,南方的楚国与吴、越两国经常发生战争,当双方的水军交战时,为了更好地展开搏杀,就发明了一种叫"钩强"的战具,可以把对方的船只拖住或推开。据《墨子·鲁问篇》载:

昔者楚人与越人舟战于江,楚人顺流而进,迎流而退,见利而进,见不利则其退难。越人迎流而进,顺流而退,见利而进,见不利则其退速。越人因此若势,亟败楚人。公输子自鲁南游楚焉,始为舟战之器,作为钩强之备,退则钩之,进则强之,量其钩强之长,而制为之兵。楚之兵节,越之兵不节,楚人因此若势,亟败越人。

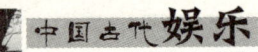

而要用好"钩强"这种水战之具,需要军人有很大的力气。楚国为了训练水军士兵的这种能力,便仿照纤夫拉纤的做法,准备一条粗大的竹索,把军士分为两队,让他们各拉竹索的一端,互相较力,所以拔河在古代又称"牵钩""拖钩"或"拔絙"。据南朝梁宗懔《荆楚岁时记》说:

> 施钩之戏,以绠作篾相胃,绵亘数里,鸣鼓牵之。求诸外典,未有前事。公输子游楚为舟战,其退则钩之,进则强之,名曰"钩强",遂以胜越。以钩为戏,意起于此。

由此可见,早在春秋战国时期,就出现了拔河活动,不过那时的拔河主要不是为了娱乐游戏,而是用于军事训练。后来,这种活动才逐渐演化为民间的一种游戏,并被赋予了禳灾祈福以求丰年等特殊的含义。《隋书》卷三十一《地理志下》也说:

> 牵钩之戏,云从讲武所出,楚将伐吴,以为教战,流迁不改,习以相传。钩初发动,皆有鼓节,群噪歌谣,振惊远近,俗云以此

拔河

第六章 奇趣无限的童乐民俗娱乐

庆胜,用致年穰。

在南北朝时,牵钩游戏主要是在南郡、襄阳一带流行,还成为寒食节前后民间广为流传的一种民俗游戏活动,同时也开始渐渐传入其他地区。

到了唐代,这种游戏才开始称为拔河,并且迅速成为一种在社会上广为流行的娱乐活动。据《封氏闻见记》卷六《拔河》称:"拔河,古谓之牵钩。襄、汉风俗,常以正月望日为之。相传楚将伐吴,以为教战。梁简文临雍部,禁之而不能绝。古用篾缆,今民则以大麻𦈋,长四五十丈,两头分系小索数百条,挂于胸前。分二朋,两向齐挽。当大缰之中,立大旗为界,震鼓叫噪,使相牵引。以却者为胜,就者为输,名曰'拔河'。"

拔河是襄、汉地区的传统娱乐活动,不但在寒食节时开展,而且每年的正月十五上元节也要举行盛大的拔河比赛。拔河用的绳索也由原来的竹索改用四五十丈长的大麻绳,在绳索的两头还分别系有数百条小绳套,拔河的人挂绳套于胸前,就像拉纤一样两向牵挽。这与现代拔河直接用手对挽还稍微有些区别。在大绳的中间还要立一大旗为界,以能把对方拉过一定的界线为赢;拔河开始后,还要鸣锣击鼓、呐喊助威,甚是壮观。

拔河在唐代宫廷及民间都极为流行。唐中宗尤其喜欢观看拔河比赛,景龙三年(709年)二月己丑,他与皇后驾幸玄武门,"观宫女拔河,为宫市以嬉"。第二年的清明节,他又召集五品以上官员到皇宫中的梨园亭子球场,"命侍臣为拔河之戏。时七宰相、二驸马为东朋,三宰相、五将军为西朋。东朋贵人多,西朋奏输胜不平,请重定。不为改。西朋竞输。仆射韦巨源、少师康休璟年老,随緪而踣,久不能兴。上大笑,左右扶起"。这次拔河比赛,两队的人数不等,西朋虽然有五位将军,按理说应该力气要大一些,但却比东朋少一人,加之还有两位年老宰相,所以拔不过对方也就在情理之中了。不过,唐中宗以拔河取乐,却不顾老臣们的身体衰弱状况,可见其昏庸无聊之极。

唐玄宗也多次在皇宫举行拔河比赛,参加者达千余人,"喧呼动地,蕃客士庶观者,莫不震骇"。进士薛胜曾亲眼目睹了这种盛大的千人拔河场面,即兴写下了一篇文辞优美的《拔河赋》,一时之间成为人们竞相传诵的名篇。这篇赋对拔河的目的、规则及当时的拔河场面作了生动描写:

> 皇帝大夸胡人,以八方平泰,百戏繁会,令壮士千人,分为二队,名曰拔河于内,实耀武于外。伊有司兮,昼尔于麻,宵尔于纼,

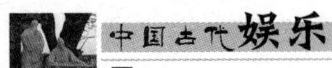

成巨索兮高轮囷，大合拱兮长千尺。尔其东西之首也，派别脉分，以挂人胸腋，各引而向，以牵乎强敌。载立长旗，居中作程。

唐玄宗组织的这次拔河比赛不单纯是为了娱乐游戏，而且还具有极大的政治意义，即通过此类大型活动充分显示大唐帝国的强盛国力与奋发向上的精神面貌。据说这也确实达到了预期的目的，当时参观比赛的一位外交使节当场就惊吓得把筷子掉到了地上，并说："大唐如此强盛，恐怕我们的国家不久就要完蛋了。"

唐代拔河仍然保留了祈求丰年的意义。有一次，唐玄宗在观看了禁军举行的拔河比赛之后，诗兴大发，作有《观拔河俗戏》诗以助兴，诗曰：

壮徒恒贾勇，拔拒抵长河。欲练英雄志，须明胜负多。噪齐山岌嶪，气作水腾波。预期年岁稔，先此乐时和。

他还在诗序中写道："俗传此戏，必致丰年，故命北军，以求岁稔。"由此可见，拔河比赛之所以在唐代如此盛行，还因为其中包含有祈求风调雨顺、五谷丰登的美好愿望。大臣张说曾和诗一首《奉和圣制观拔河俗戏应制》：

今岁好拖钩，横街敞御楼。长绳系日住，贯索挽河流。斗力频催鼓，争都更上筹。春来百种戏，天意在宜秋。

这两首诗将拔河比赛的气势描写得非常传神，山为之摇动，水为之腾浪；拔河的长绳在壮士的手中可以系住太阳，挽住河流。不过，全诗的主旨还在于预期"岁稔"和"宜秋"，祈愿丰年。

拔河游戏在唐代军队中也非常流行。特别是天宝以后，随着府兵制的逐渐废弛，军队的训练放松，士兵休闲的时间多了，他们便经常以拔河等游戏消遣岁月。据《新唐书》卷五十《兵志》说："天宝以后，彍骑之法又稍变废，士皆失拊循……而六军宿卫皆市人，富者贩缯彩、食粱肉，壮者为角抵、拔河、翘木、扛铁之戏。"

唐以后，拔河在民间广为流行，但参加者一般只是十几人或几十人为一队，像唐代那样动辄千人的大型拔河比赛再也没有了。

放风筝

清明时节最好的游戏是到野外放风筝。说起来，风筝也是中国人的发明，英国学者李约瑟曾把它写入《中国科学技术史》。追寻风筝的起源，可上溯到

第六章 奇趣无限的童乐民俗娱乐

2000多年前的春秋战国时期，那时因为战争的需要，古人以鸟为形，以木为材，制成了可在空中飞行的"木鸢"。据《韩非子》记载："墨子为木鸢，三年而成，飞一日而败。"另据记载，鲁班也曾制作过木鸢。墨子和鲁班都是鲁国人（一说宋国人），由此看来，风筝的发源地应在齐鲁一带。相传楚汉相争时，汉将张良借大雾迷蒙之机，从南山之隐放起丝制的大风鸢，并让吹箫童子卧伏其上，吹奏楚歌，使楚营官兵思乡心切，不战而散。这种"风鸢"，已经更接近今天的风筝了。古代的风鸢一直是战争时通讯和侦探的工具，甚至能够带上火药，作为进攻的武器。

风筝的娱乐化功能始于唐代。唐代社会的安定与经济的发展，带来了传统节日的盛行，促进了各种文化娱乐活动的发展。一直被用于军事的纸鸢，随着风俗的变化，也开始向民间娱乐型转化。从唐代起，传统的寒食和清明两个节日深受社会的重视。此时，朝野盛行禁火、扫墓、踏青、秋千、蹴鞠、马球等风俗，儿童放纸鸢也开始在民间流行。唐人《纸鸢赋》云：

　　代有游童，乐事末工。饰素纸以成鸟，象飞鸢之戾空。翻兮将度振沙之鹭，杳兮空光渐陆之鸿。抑之则有限，纵之则无穷。动息乎丝纶之际，行藏乎掌挥之中。

显然，这时纸鸢的制作技艺和放飞效果，已经达到较高的水平。

到宋代，风筝又得到了新的发展。宋人高承在《事物纪原》中对风筝的渊源作了专门的考证：

　　俗谓之风筝，古今相传，云是韩信所作。高祖之征陈豨也，信谋从中起，故作纸鸢放之，以量未央宫远近，欲以穿地隧入宫中也。

这时的风筝还被画家当作创作的题材，如北宋初期画家郭忠恕就是其中的一例。据记载：郭忠恕，洛阳人，善书画，尤善山水，他曾画小童持线车放风鸢，引线数丈。宋人寇准有《纸鸢》诗云："碧落秋方静，腾空力尚微。清风如可托，终共白云飞。"

放风筝

由此可见，北宋时期的放风筝已是一项群众喜闻乐见的活动。

到了南宋，朝廷不思恢复中原，整日沉酣于湖山之乐，放风筝遂成为宫廷和民间一种经常性的活动。据《挥麈后录》记载，宋徽宗在即位之初就喜欢放纸鸢为戏。南宋宫廷画院待诏苏汉臣所画的《百子图》，生动地描绘了当时放风筝的场面。周密在《武林旧事》中说："桥上少年郎竞放纸鸢，以相勾引，相牵剪截，以线绝者为负。"生动地记录了清明时节儿童放风筝的情景。同时记道，放风筝虽属于小技，亦有专门名工。当时著名的风筝艺人，有周三、吕扁头，这两位风筝艺人还被列为临安的"诸色技艺人"之中。

元代风筝的记载不多，但据说在中国游历多年的意大利人马可·波罗曾把风筝介绍到西方。而关汉卿在他的《钱大尹智勘绯衣梦》中，以一个少年书生"买一个风筝儿放着耍子"为引端：

（李庆安云）父亲，你休烦恼，量这媳妇打甚么不紧！将这鞋儿我穿的上学去，一般的学生每笑话我，道我无个风筝儿放。父亲有银子与我买一个风筝儿放着耍子。（李老儿云）孩儿也，我与你二百钱，你买个风筝儿放耍子去。休要惹事，疾去早来，休着我忧心也！（李庆安云）有了钱也，我买风筝儿去也。（下）

可知当时放风筝已很普通。

明代曾经下令禁止在京都放纸鸢，这一时期北方的放风筝风俗受到一定影响。《帝京景物略》对京都清明节扫墓踏青和娱乐活动记述十分详细，但唯独没有放风筝的内容。但在南方，放风筝仍是清明节的一项重要活动。从明人徐渭在浙江所作的大量风筝题画诗分析，当时在南方民间，放风筝为儿童所喜闻乐见，也是画家与诗人常见的创作题材。徐渭写了十多首关于风筝的题画诗，如："我亦曾经放鹞嬉，今来不道老如斯。那能更驻游春马，闲看儿童断线时。""柳条搓线絮搓绵，搓够千寻放纸鸢。消得春风多少力，带将儿辈上青天。"

清代是放风筝盛行的时代。清初潘荣陛在《帝京岁时记胜》中，详细记载了清明时节京城放风筝的情景。戏曲家李渔以书生韩世勋题诗于风筝上，因风筝落在詹家，詹淑娟和诗其上，因而结合的故事，撰写了《风筝误》传奇。据《扬州画舫录》载，扬州人"于清明时放纸鸢……漫以成俗"。在以手工业著称的山东潍坊，自乾隆年间起，地方文献中关于清明时节放风筝的记载不绝如缕。潍县知县郑板桥被罢官后，在题画诗中写下了"闲逐儿童放

第六章 奇趣无限的童乐民俗娱乐

纸鸢"的诗句。县志中则多有"儿童放纸鸢于村外,妇女戏秋千于杏院"、"童子放纸鸢,女子作秋千戏"等记述。《潍县岁时记》把春天放风筝称为"放郁",即将风筝放飞后割断其线,让风筝随风飘去,意为把"郁闷之气"彻底放出,可在一年中不生病。富察敦崇在《燕京岁时记》中说:"儿童放之(风筝)空中,最能清目。"认为放风筝能够锻炼眼睛,增强视力。这些记载表明,人们是把放风筝作为一项体育运动来看待的。通过在田野郊外放飞风筝,既锻炼了身体,也陶冶了情操,达到了身心健康之目的。

清末的风筝在内容和题材上都有较大发展。在北京,宫廷与民间的风筝发展迅速,不仅制作精良,而且品种增多。每当新型风筝放飞之日,甚至万人空巷,观看风筝。《北京竹枝词》云:"新鸢放出万人看,千丈麻绳系竹竿。天下太平新样巧,一行飞向碧云端。"谓此时,各地相继出现了像龙头蜈蚣、仙鹤童子、雷震子、杏花天等各种不同形式和内容的风筝。潍坊风筝艺人根据民间艺术中有关龙的形象,对传统蜈蚣风筝加以出新,将蜈蚣头改装成龙头,被称为"潍坊一绝"。

放风筝是一种有趣而对身心方面都有好处的高尚娱乐,儿童、大人都喜欢。近几年,世界人民对风筝也发生了极浓的兴趣。我国每年举行风筝大赛,中外人士踊跃参加,盛况空前,形成了前所未有的风筝热。这充分反映了各国人民对中华民族民间文化的赞赏和仰慕,同时标志着我国古老的风筝艺术已发展到一个繁荣昌盛的新时期,也表现出各国间文化交流的愿望和热情。

放鞭炮

放鞭炮过去称放爆竹,也称放炮仗,放爆竹的高峰期是过年。旧历的除夕、元旦,是旧年的结束和新年的开始。元,指开始;旦,指早晨。民众认为,一年的好运当从旧去新来之时开始,因此特地选择了放爆竹的方式迎接这一传统佳节。在不少地区,除夕夜就放起"闭门炮仗",合家围着火炉而坐,进行守岁;初一早晨,又放起"开门炮仗"以避疫病。

顾禄《清嘉录》卷一,《开门炮仗》)此起彼伏的爆竹声除去了旧岁,迎来了新年,正如宋王安石《元日》诗所道:"爆竹声中一岁除,春风送暖入屠苏,千门万户瞳瞳日,总把新桃换旧符。"放爆竹,最初的目的是驱鬼避邪。

中国古代娱乐

ZHONG GUO GU DAI YU LE

放鞭炮

《史记》载："端月，鸡鸣而起，先于庭前爆竹、燃草，以辟山魈恶鬼。"东方朔《神异志》也写道："西方山中有人焉，其长丈余，一足，惟不畏人，犯之则令人寒热，名曰山魈。以竹著火中，烨烨有声，而山魈惊惮。"（转引宗懔《荆楚岁时记》）这一风俗经过民间的长期传承演变，驱鬼避邪的原始目的逐渐被娱乐目的代替。

唐宋以后火药的出现又使这一娱乐更加简单易行，花色品种也不是单一的竹子，已进化为纸絮包裹的炮仗，种类繁多，花样百出，如单响、双响、金钱炮、水鸳鸯、老鼠炮、冲天炮、满天星、平地一声雷、飞天十响等等。民众无论家道贫穷富足，到了过年，几乎都购买或制作爆竹燃放，于爆竹声中寻得一时开心，预祝一年幸福。清人百一居士《壶天录》卷上记载：北京地区正月初一，"富家竞购千竿爆竹，付之一炬，贫乏家即谋食维艰，索逋孔亟，亦必爆响数声，香焚一炷，除旧年之琐琐，卜来岁之蒸蒸，此习尚类然也"。大个炮仗及整串小鞭由成人点放，或握于手中，或悬于竹竿。幼稚孩童此刻尤为快乐，大人燃放时，胆小的捂着耳朵，胆大的忙前忙后，递火接竿，协助成人。每一阵爆响，都引得他们拍手欢叫，有时他们自己也手拿或用竿子挑零星爆竹玩放。一家放爆竹，邻居前来凑趣，街坊乡邻之谊在放爆竹娱乐中加深了，正所谓"竹爆和诸邻"。

放爆竹的高潮一般从元旦延续到元宵，各地区放爆竹的方式也各具特色，如无锡地区民众将截断的松木架起点燃于大门左侧，再施放爆竹，配以银花，形成"火炉"，游人在山顶上眺望城内外，宛如火城。喜事临门时，人们也常常燃放爆竹庆祝取乐。放爆竹这项古老的民间娱乐延至今日，依然流行，给节庆吉事增添了无穷的喜庆气氛。但是，在继承这一民间传统娱乐的同时，要加强安全防范措施，避免事故和财产损失。

闹花灯

古代民间闹灯娱乐时节以元宵节为首,其他时节如中元、上元也时常举行。

民间过元宵又称"闹元宵",闹元宵又以"闹灯"为重头戏,所以古代元宵节也称"灯节"。元宵夜,城镇闹市、乡村僻壤,处处灯火闪烁,光亮四射。《定边县志》载:元宵夜,"街市遍张灯烛,纸炮戏乐";《合州志》载:下乡各庙,灯火"煌煌达旦",街市也"灿列如白昼";《固安陈志》载:元宵来临,好事者按户敛钱,做灯烛费,称为"灯会";《杭州府志》载:"元宵前后,五夜张灯,通衢委巷。悬额缀彩,皆以锦绣彩绣为之。如入万花谷中,终夕鼓吹不绝";《甘州府志》载:"元宵家各张灯,户栽小松株,以线缀香于枝上焚之,名曰'火树'。通衢遍立木枋张灯"。历代文人墨客咏赞闹灯盛况的诗词不绝于书,如南宋词人辛弃疾《青玉案·元夕》词写道:"东风夜放花千树,更吹落星如雨。宝马雕车香满路,风箫声动,玉壶光转,一夜鱼龙舞。"

元宵闹灯的起源有几种传说:一说汉武帝时东方朔为让宫女回家与家人团聚,宣称正月十六这天火神君奉玉帝旨意要火烧长安。武帝忙问解救办法,东方朔说可于前夜做汤团供奉火神,让宫女回家团圆,挂红灯避火灾。从此官府民间皆有元宵吃汤团、挂灯习俗;一说古时一天鹅降落人间,被猎人射伤,玉帝欲替天鹅报仇,派天兵天将下凡,放火烧死人畜。一仙人认为不妥,暗中告知百姓,让百姓于这一天前后挂灯燃炮,伪装着火,瞒过玉帝,免除灾难;一说这天天上有位状元神下凡,他是孩童,也喜欢玩民间孩童打灯火的游戏,将黑夜照成白昼,于是有了元宵灯火习俗。以上只是传说,不足为凭,有案可稽的说法应是佛教的"燃灯敬佛"说。宋代高承《事物纪原》载:"西域十二月三十乃汉正月望

元宵灯会

日，彼地谓之'大神变'，故令汉明烧灯表佛。"《唐书·严挺之传》也载："先天二年（713年）正月望日，胡人婆陁请燃千灯，因弛门禁，帝御安福门纵观，昼夜不息。"由此可知，元宵张灯源自西域燃灯敬佛的习俗，至迟在东汉已传入中国，再由宫中流向民间。唐宋以后，灯火愈张愈盛，花样愈闹愈多。闹灯成了元宵民间不可或缺的娱乐。

　　元宵闹灯时间本来只限于正月十五一夜，后又增有十三、十四、十六、十七、十八数夜。有的地方如闽中则有多至十夜的，即自十一夜张灯，到二十二夜落灯。每逢元宵来临，各地纷纷搭建牌楼、鳌山、灯棚，挂上彩灯，进行试张，称"试灯"。至元宵时分，彩灯竞放，一片通明。

　　民众张灯的种类很多，灯架多为木、藤、麦秸、兽角或金属材料制作，上以纸、绢、绸、锦等裱糊，绘上图案，或加贴剪纸图画，千姿百态，鲜艳动人。周密《武林旧事》卷二《灯品》记述南宋新安的彩灯类型及制作方法时说：灯品之多，以苏、福为首，新安灯出名较晚，但精妙绝伦。有种灯称"无骨灯"，用绢袋贮粟为灯胎，进行烧缀，烧成去粟，则像玻璃球般浑然透明，景物奇巧，无与伦比。鱿灯用金珀玳瑁镂刻装饰。珠子灯则用五色珠为网，下垂流苏，有的图形为龙船，有的为凤辇、楼台。羊皮灯镞刻精巧，妆染五色，像影戏的样式。罗帛灯一类的最多，其中以红白相间的百花灯、细眼灯最为精奇。此外有五色蜡纸灯，菩提叶灯，图如人物骑马，旋转如飞；又有深闺巧娃灯，剪纸而成。

　　民众张灯彩的规模及华丽程度依经济状况及政治身份而定。官宦富贵家的较精致炫丽，《儒林外史》十一回记载的江南娄府正厅悬挂的一对大珠灯就是宪宗赏赐的武英殿物件，由内务府制造，十分精巧。湖州府太守衙门前则用彩灯扎成一座鳌山。士庶贫贱家庭的灯则较简陋暗淡。孩童喜欢微形灯烛，便于手提照玩。如昆山孩童常用纸折饰成神仙像，系在竹竿上，燃烛举照，称"老子灯"；有时成人也雇佣孩童执灯扮演戏剧，称"马灯"。大大小小、形形色色的灯火相汇于元宵夜，到处是灯的世界、火的海洋，繁星为之失色，月亮为之黯然，呈现出一派"火树枝柯密，烛龙鳞角张""天碧银河欲下来，月华如水照楼台"的繁盛景象。如开元天宝年间，韩夫人置百枝灯树，高80尺，竖之高山，上元夜点燃，"百里皆见，光明夺月色也"。（《开元天宝遗事·百枝灯树》）。清代苏州地区"昼则悬彩，杂引流苏；夜则燃灯，辉煌火树，

第六章 奇趣无限的童乐民俗娱乐

朱门宴赏,衍鱼龙,列膏烛,金鼓达旦……凡闫门以内,大街通路,灯彩遍张,不见天日。"(《清嘉录》卷一《正月·灯市》)

民间闹灯娱乐由两部分组成:一是制灯,制灯出卖属于商业性活动,本身没有娱乐成分,但为闹灯娱乐准备了条件,自制自玩者,则为自娱活动;二是张灯玩灯,张灯玩灯既能自娱,又能娱他。乡村住户、街市店铺悬挂的灯火,不但自家人赏玩,也给左邻右舍、顾客路人提供了赏玩的机会。有些民众为了与他人的灯火争奇斗艳,一比高低,经常进行闹灯比赛,正如《金瓶梅词话》十五回描写的那样:"银娥斗彩,雪柳争辉。双双随绣带香球,缕缕拂华幡翠穗。村里社鼓,队共喧闹;百戏货郎,庄齐斗巧。转灯儿一来一往,吊灯儿或仰或垂。琉璃瓶映美女奇花,云母障并瀛州阆苑……"

街市张灯玩灯的地方较多,容易形成"灯市"。乡村张灯玩灯的地方较少,集体"灯会"多在社庙或戏场,灯会费由村寨民户分担,有专人提前收征,统一置办,《儒林外史》第二回记述了一次乡民组织闹灯的全过程。明代成化年间,山东兖州汶上县薛家集有百十户人家,皆以农为业。正月初八,集上人都约好到村口观音庵商量闹龙灯之事。众人推选姓夏的总甲(明清选派民人充当的照管城里乡下一定地面的职役)主持其事。夏总甲说:"这样事俺如今也有些不耐烦管了。从前年年是我做头,众人写了功德,(捐款数目)赖着不拿出来,不知累俺赔了多少。况今年老爷衙门里,头班、二班、西班、快班,家家都兴龙灯,我料想看个不了,那得功夫看乡村这条把灯。但你们说了一场,我也少不得搭个分子,任凭你们那一位做头。像这荀老爹,田地广,粮食又多,叫他多出些;你们各家照分子派,这事就舞起来了。"众人不敢违拗,当下捺着姓荀的出了一半,其余众户也派了,共二三两银子,写在纸上。

可见乡村灯会主持人都是当地有一定名望的人。因为是集体闹灯,民众处在这样的环境里,需要顾及到自家的名声及人际关系的处理,都会主动纳钱。这笔费用大多数人家皆有能力支付,但对家境过于贫穷的人来说无疑是一笔不小的负担,所以他们能拖则拖,不能拖也要先写出捐款数目。当地有财主大户,

元宵节闹灯

则尽量往他们身上赖。像薛家集的闹灯，若不是有荀老爹这样的大户有"竹杠"可敲，另外的二三两银子也得摊到乡民头上。闹灯若影响到民众的生计，就会超出娱乐的范畴。如宋代福州守官莫君谟为了显示自己治所太平无事，竟下令民间元宵节家家点灯七盏，许多民众无法承受。

民众观灯是将闹灯娱乐推向高潮的重头节目。哪儿灯火张集，哪儿就人头攒动，歌语嘈杂。大户出身的人士多坐轿出行；普通民众则步行观灯。少年儿童更是欢喜异常，观灯的成人堆里，只见那矮小轻灵的身影，穿梭来往，恰似鱼鳖水底戏游。明代谢肇淛《五杂俎》卷二《天部》记道"：闽中民众观灯时，游人士女，车马喧闹，夜尽才散。直到二十开外的傍晚，灯兴未尽的儿童还连袂呼喊，保留彩灯，称'求饶灯'。整个灯会至正月二十二夜才收场。《儒林外史》十一回这样描述江南民众观灯："各庙社火扮会，锣鼓喧天，人家士女，都出来看灯踏月，真乃金吾不禁，（古时禁止夜行，只有元宵前后三天开禁。后人因为汉朝执行夜禁的卫士所执的两头涂金的铜棒称'金吾'，而将市街彻夜开放，不禁士民走动的情况称'金吾不禁'。）闹了半夜。"明代北京地区灯市也是游人济济，其中东华门外的灯市"贵贱相觏，贫富相贸易，人物齐矣"妇女则穿白绫衫，结队夜行。（参见《帝京景物略》卷二《城东内外·春场》）

各地民众闹灯风格不一，各具千秋。如明代福建地区的闹灯就别具一格。闽方言的"灯"为"丁"，每添设一灯，习惯称为"添丁"，张灯越多，意味着人丁越兴旺。所以民众张灯兴趣极为浓厚。从正月十一夜起就有人燃灯，到十三夜，家家灯火，照耀如昼。富贵人家堂前屋后，无不张设，数以千计，重门洞开，纵人游观。市面上每家门口悬灯2架，10家则搭1彩棚。灯型上自彩珠，下至纸画，鱼龙果树，无所不有。闽人把张灯与"添丁"连系在一起，反映了古人祈求人丁兴旺、多子多福的愿望。

如果以添灯喻添丁为福建独有的话，那么古代制灯、挂灯的普及程度之高，万人空巷、户户倾巢的观灯人数之多，当首推浙江绍兴。张岱《陶庵梦忆·绍兴灯景》载，明代绍兴的灯很便宜，家家能制，谁家不能制灯，会引以为耻，因此，"自庄逵以至穷檐曲巷，无不灯、无不棚者"。制灯艺术也异常高明，灯上或画四书千家诗故事，或写灯谜。庵堂寺观，多书"庆赏元宵""与民同乐"字样。灯下进行着斗狮子、鼓吹弹唱、跳大头和尚、施放烟火等活动，处处有人簇拥观看。这里几乎人人会制灯，人人爱看灯。

第六章 奇趣无限的童乐民俗娱乐

 知识链接

黄河九曲灯

有些地方喜欢聚灯成塔成山,人们老远就能看到灯光。如延庆一带,一具"黄河九曲灯"就由360盏小灯组成,一具"混元一气灯"竟多达500盏小灯。还有用桌凳搭成的"高楼",高约三四丈,中间以木做架子,安上数千盏小灯,远远看去,仿佛是"灯山"。甘州的鳌山灯也高达二三丈,前边用纱罩画神像,内设小灯四五百盏。

将灯火与剪彩一同悬挂陈列,是西南一些地区闹灯的特点。如道光《蓬溪县志》记载,蓬溪县除花灯外,剪彩也极为精奇:狮若搏,象若蹲,凤若翔,鱼若跃,为鳌、为鼍、为蝶、为蝠,形状不一,奇巧生动。

北方冬季寒冷,冰雪颇多,玩赏冰灯成为北方民众闹灯的一大特色。清代嘉庆年间,满族人居住占多数的东北齐齐哈尔城元宵节前后,张灯五夜,村落妇女纷纷前来看灯观剧,车声彻夜不断。有一盏寿星冰灯,中燃双炬,看上去像水晶。冰灯的特点是看上去热,摸上去却冷,晶莹透明,风吹不动。

元宵闹灯娱乐在藏族同胞中与宗教活动融成一体。藏族闹灯以青海西宁附近塔尔寺的"灯节"最为著名。塔尔寺"灯节"是盛大的佛事活动,即祈愿法会,藏族称"摩兰钦波",汉族称"灯节""正月观经"或"喇嘛社火",开始于明代。灯节期间,塔尔寺佛殿布满精美的灯盏,供奉灯香、净水、粮食、干花,展出各种色泽艳丽、神态逼真的酥油花(即油塑)。远近的藏族、蒙古族、土族、回族、汉族等民众蜂拥而至,观赏油塑,欢乐起舞和歌唱。整个灯节持续七天,富有浓郁的民族气息和宗教气息。

民众特别热衷的一种闹灯节目——闹龙灯在许多地方都很盛行。龙灯原是元宵灯火的一种,悬挂陈列,供人观赏。吴自牧《梦梁录》卷一《元宵》记载:龙灯用草缚成龙形,上用青布遮盖,内填灯烛万盏,看上去蜿蜒绵长,宛如双龙飞走。后来人们又将陈列的龙灯用来舞弄,既自娱,又

娱他。舞龙灯以元宵节为主，有的地方从元旦就开始了。又因白天也有人耍龙，毋须用灯烛，只算是耍龙而不是耍龙灯，不过在民间已约定俗成，仍将一应耍龙活动称为"耍龙灯""闹龙灯"或"舞龙灯"。真正的龙灯应是配有灯烛的龙身，且多在夜间进行。在整个闹灯娱乐中，闹龙灯以其自身的无穷魅力而独树一帜：场面广大，舞者阳刚，观者心醉。《中华全国风俗志》下卷六记载了四川泸县龙灯雄姿，用于竞赛的龙灯或为纸扎，或以纱糊，灯中燃油纸条，前呼后拥，招摇过市，舞灯者大呼道："拿花筒火炮来"。他们一个个光身赤脚，盘旋跳跃，口含橄榄，以解热毒。遇人放花筒火炮，他们即戏龙灯。看到这孔武有力的龙灯，观者个个如醉如痴。每当龙灯经过，好事者就拿出花筒火炮等向龙灯燃放，锣鼓喧天，火星乱落。

民间除在元宵有大张旗鼓的闹灯娱乐外，其他时节也有闹灯活动，如七月十五的中元节。在民间，中元节一般在水上放河灯，这项民间活动逐渐变成具有祭祀祖先性质的闹灯娱乐，陆上挂的称"旱灯"；水上放的称"河灯"；陆上做好，水上燃烧的红纸灯称"水旱灯"。有时人们喜欢将烟火绑成兔、雁、龟、鱼形状，在水上燃放，水火相激，彩点纷飞。杭州地区民众干脆剪纸作荷花状灯，遍地焚烧，称"照幽冥之苦"。

中元闹灯最欢的要数儿童。他们有的拿着长柄荷叶，折卷成罩，罩内燃烛，发出荧荧青光，称"荷花灯"；有的用"青蒿沾香燃烧，恍如万点萤火，称"蒿子灯"；有的用各色彩纸制成莲花、莲叶、花蓝、鹤、鹭等形状，称"莲子灯"，三三两两，呼朋结伴，摇晃挥舞，展开"斗灯"。妇女也是中元闹灯的热心人。江南一些地区的妇女中元习惯买船做盂兰，放焰火，在水面燃灯，以赌胜负，其中以南京秦淮河最盛。正如吴杉亭诗所说："青溪北接进香河，七月盂兰赛会多。齐昇金仙临画舫，红灯千点落微波。"

云南白族民众也常在中元飘放河灯，以南瓜、葫芦、木瓢为小船，糊上灯罩，呈花、鸟、虫、鱼、莲花、楼阁诸形状，还有牛郎织女、八仙过海、天女散花等神话故事，一时间，彩灯竞放，水火映照，引人入胜。

与元宵灯会的炙热气氛相比，中元灯火显得冷清阴凉，但民众却能从中感受到一种宁静安详的美。

第六章 奇趣无限的童乐民俗娱乐

放烟火

古代民间放烟火与闹花灯几乎是如影随行,相得益彰,灯助火势,火艳灯彩,彩灯与烟火共同组成火树银花的灯火世界。

民众玩放烟火晚于闹灯。《事物纪原》说:"火药杂戏,始于隋炀帝,孟襄阳谓即火树也。"意思是放烟火的游戏隋朝才有。宋、元以后,民间放烟火娱乐日渐盛行,烟火名目也日益增多,且生动有趣,诸如响炮、起火、三级浪、沙锅儿、花筒、花盆、人物等一应俱全,不胜枚举。

放烟火比起放爆竹及闹灯费钱要多得多,因此,一般来说,街市放的烟火要比乡村的艳丽,官家富户放的又比平民百姓的耐看。

为了增添烟火的光彩,有些达官显贵常故意将张灯与放烟火安排在同时进行,更令民众大饱眼福,如《陶庵梦忆·鲁藩烟火》记载的山东兖州鲁藩烟火就是这样鲁藩烟火妙盖天下。放烟火时必须张灯,凡府衙殿堂、檐壁、楹柱、屏风、座位、宫扇伞盖、诸王公子、宫娥、僚属、队伍乐工,都收为灯中景物。放烟火时,灯中景物又收为烟火中景物。观众置身灯中、光中、影中、烟中、火中,闪烁变幻,不明所以。殿前搭有数层木架,上放"黄蜂出巢""撒花盖顶""天花喷礴"诸式烟火,四周设八架珍珠帘,每一帘各嵌孝、悌、忠、信、礼、义、廉,耻一个大字,每字高一丈左右,晶映高明,下面用火漆雕塑狮、象、驴、马兽类百余只,头上骑百余南方异国骑手,手中拿象牙、犀角、珊瑚、玉斗等器具,器具中又装"千丈菊""千丈梨"诸火器。兽脚踩着车轮,车内藏人,上下旋转。骑手手中烟花徐徐喷放,缓缓而行,时走时停。一会儿,百兽嘴中、尾上有火焰喷出,纵横践踏。端门内外,烟焰蔽天,使"月不得明,露不得下"。观者"耳目攫

光彩夺目的烟火

夺、屡欲狂易"。如此景象连一向以为本地烟火出类拔萃的苏州人也自叹不如，说："此时要是将苏州的烟火拿到这儿也没有地方施放，放了也不能升天，因为天上已被烟火挤住，无丝毫空隙！"这里放烟火的虽为官府富室，但庶民百姓则在观看烟火时"耳目攫夺、屡欲狂易"，足见他们何等狂喜。

乡民玩放的烟火质地花样不如街市及富室的那么高级，但他们娱乐的劲头比起前者并不逊色。与闹灯一样，乡民放烟火多在社庙、寺庵或旷地，并且常能别出心裁，想出各种不同的放烟火花样。如清代江南一带的乡民有一种与他处不同的放法：先搭木架数十个，将烟火安置其上，依次点燃，彩花此起彼伏，仿佛流星赶月。文人范来宗一次在观看金衙园乡民放烟火、赏烟火时曾写下《金衙园观烟火》诗，再现了乡民的娱乐趣味：

　　金衙是何园，其地旷非奥。
　　久成荒砾场，旁建社公庙。
　　居民思媚神，立竿光照耀。
　　空中掣金蛇，耳畔轰火炮。
　　争趋忘近远，聚观杂耄少。

乡民们在社公庙燃放烟火，空中金蛇飞舞，耳边火炮轰鸣，老人儿童不论远近，争趋观看。

重阳登高

农历九月九日为重阳节。古人以九为阳数，日月逢九，两阳相重，故名"重阳"。魏文帝曹丕《九日与钟繇书》曰："岁往月来，忽复九月九日。九为阳数，而日月并应，俗嘉其名，以为宜于长久，故以享宴高会。"两九相重，故称"重九"。

重阳节是一个很古老的节日。至晚从两汉开始，重阳节就有佩茱萸、饮菊花酒、登高等寓意着避邪远祸驱疫长寿等愿望的民俗游艺活动。据《西京杂记》卷三《戚夫人侍儿言宫中乐事》称："戚夫人侍儿贾佩兰，后出为扶风人段儒妻。说在宫内时……九月九日，佩茱萸、食蓬饵、饮菊花酒，令人长寿。"又据《续齐谐记》载："汝南桓景随费长房游学累年，长房谓曰：'九月九日，汝家中当有灾。宜急去，令家人各作绛囊，盛茱萸，以系臂，登

第六章 奇趣无限的童乐民俗娱乐

高饮菊花酒，此祸可除。'齐家登山。夕还，见鸡犬牛羊一时暴死。长房闻之曰：'此可代也。'今世人九日登高饮酒，妇人带茱萸囊，盖始于此。"费长房为东汉时人，传说他有道术，"能医疗众病，鞭笞百鬼，及驱使社公"。由此可见，至迟在汉代就已经形成了重阳节俗。

魏晋南北朝时期，重阳节已经成为当时最重要的节日之一。《旧唐书》卷十三《德宗纪下》载贞元五年（789年）春正月乙卯诏曰："四序嘉辰，历代增置，汉崇上巳，晋纪重阳。或说禳除，虽因旧俗，与众共乐，咸合当时。"就是说重阳节自晋以来即为时人所重视，节日活动亦最为隆重。

到唐代，重阳节被列为法定节日，与中和节、上巳节并列为著名的三令节，休假一日。朝廷往往也会在重阳节这天举行盛大的宴会招待群臣百官和外国使节，有时还会赏赐大臣钱帛，令其选胜宴乐。

重阳宴集，由来已久。据《荆楚岁时记》载："九月九日，四民并籍野饮宴。"隋朝人杜公瞻注云："九月九日宴会，未知起于何代。然自汉至宋未改。今北人亦重此节。佩茱萸，食饵，饮菊花酒，云令人长寿。近代皆宴设于台榭。"

唐代重阳宴集的规模都很大。唐中宗曾于景龙二年（709年）九月九日登慈恩寺大雁塔设盛大宴会，群臣纷纷赋诗并献菊花酒祝贺。同年闰九月九日又登庄严、总持二寺阁宴饯群臣。大臣们又纷纷赋诗献酒。次年九月九日，又召集群臣，驾幸临渭亭登高宴集，比试作诗。中宗亲自赋诗并御制诗序曰："陶潜盈把，即浮九酝之欢；毕卓持螯，须尽一生之兴。人题四韵，同赋五言，其最后成，罚之引满。"这次重阳宴会，韦安石、苏瑰诗最先成，于经野、卢怀慎最后成，遭罚酒。同时赋诗者还有沈佺期、张说等三十余人。重阳节在唐代演变成了赛诗节。

唐人非常重视重阳节风俗。据《卢公范》说："凡重阳日，上五色糕，菊花枝，茱萸树。饮菊花酒，佩茱萸囊，令人长寿也。"李颀在《九月九日刘十八东堂集》诗中也说：风俗尚九日，此情安可忘。菊花辟恶酒，汤饼茱萸香。

武瑾的《九日卫使君筵上作》诗

茱萸

也说:"佳晨登赏喜还乡,谢宇开筵晚兴长。满眼黄花初泛酒,隔烟红树欲迎霜。千家门户笙歌发,十里江山白鸟翔。共贺安人丰乐岁,幸陪珠履侍银章。"可见这是一个以太平长寿、丰年乐岁为主题的民俗节日。

重阳节最重要的节日游赏活动是登高。登高是一项有益的健身活动,古人热衷于在秋高气爽的季节登高,既是为了驱邪避灾,也是为了强身健体,更是为了寄托情思,所以登高成为古代重阳节的标志性节俗。魏晋以来,重阳登高之俗逐渐在社会上流行开来,《临海记》载:"郡北四十里有湖山,山形平正,可容数百人坐。民俗极重九日,每菊酒之辰,宴会于此山者,常至三四百人。登之见邑屋悉委,江海分明。"《豫章记》也载:"龙沙在郡北带江,沙甚洁白,高峻而陂,有龙形,俗为九日登高处。"《南齐书》卷九《礼志上》还说:宋武帝刘裕为宋公时,在彭城九月九日登项羽戏马台,"至今相承,以为旧准"。齐武帝则专门指定孙陵冈为登高之所,在其上建商飙馆,每逢重九之日,即登此冈大宴群臣,故后世称之为"九日台"。

到唐代,重阳登高被"药王"孙思邈列为一项重要的健身活动,他在《四民月令》中说:"重阳之日必以糕、酒登高远眺,为时宴之游赏,以畅秋志。酒必采茱萸、甘菊以泛之,既醉而归。"重阳之日,已是深秋季节,风清气爽,非常适合登高远望。

重阳节登高要佩戴茱萸囊或头插茱萸、饮茱萸酒,所以又称茱萸节。张说《湘州九日城北亭子》诗曰:

  西楚茱萸节,南淮戏马台。宁知沅水上,复有菊花杯。

茱萸是一种具有芳香气味的常绿小乔木,有很多品种,主要有山茱萸和吴茱萸。据唐《新修本草》载:山茱萸,"主心下邪气,寒热,温中,逐寒湿痹,去三虫……强阴,益精,安五脏,通九窍,止小便利。久服轻身,明目,强力,长年……九、十月采实,阴干"。吴茱萸,"主温中下气,止痛,咳逆,寒热,除湿血痹,逐风邪,开腠理……九月九日采,阴干"。重阳插戴茱萸和饮茱萸酒主要是出于辟恶益寿的目的。

佩戴茱萸囊是从汉代流传下来的古老风俗,唐人也很重视重阳佩茱萸囊。郭元振《相和歌辞·子夜四时歌·秋歌》:"辟恶茱萸囊,延年菊花酒。"张说《九日进茱萸山诗五首》:"菊酒携山客,萸囊系牧童。"李颀《杂兴》:"千年魑魅逢华表,九日茱萸作佩囊。"

第六章 奇趣无限的童乐民俗娱乐

头插茱萸的习俗大概是从晋代头插茱萸囊的习俗演化而来的。据周处《风土记》称:"俗上(尚)九月九日,谓为上九,茱萸到此日,气烈色赤,可折茱萸囊以插头,云辟恶气,御冬。"到唐代,还保留有这种习俗。如司空曙《长林令卫象饧丝结歌》:"雪发羞垂倭堕鬓,绣囊畏并茱萸结。"不过,唐人更为时尚的是将茱萸直接插在发鬓之上,如王昌龄《九日登高》诗:"茱萸插鬓花宜寿,翡翠横钗舞作愁。"杨衡《九日》:"不堪今日望乡意,强插茱萸随众人。"其中,最为脍炙人口的一首诗是王维的《九月九日忆山东兄弟》:

独在异乡为异客,每逢佳节倍思亲。遥知兄弟登高处,遍插茱萸少一人。

这首流传千载的登高诗,抒发的是一种思念亲人的真挚感情,道出了无数人的共同心声,已经凝固成为中华节庆文化的重要内容。

饮茱萸酒也是传之甚久的一个老习惯。常衮在《重九谢赐糕酒等状》中就说:"茱萸清酒,尝闻旧俗之传。"相传饮茱萸酒可治病。孟诜《食疗本草》就记载了几种茱萸浸酒的食疗方法,其中有:"治牙齿疼痛,茱萸煎酒,含漱之";"患风瘙痒痛者,取茱萸一升,清酒一升,和煮取一升半,去滓,以汁暖洗";"中贼风口偏不能语者,取茱萸一升,清酒一升,和煮四五沸,冷服之半升,日三服,得少汗,差。"唐诗中有许多描写饮茱萸酒的诗作,如寒山诗曰:"暖腹茱萸酒,空心枸杞羹。"王建《酬柏侍御答酒》:"茱萸酒法大家同,好是盛来白碗中。"权德舆《九日北楼宴集》:"风吟蟋蟀寒偏急,酒泛茱萸晚易醺。"

重阳节还有赏菊花、饮菊花酒和头插菊花的习俗,所以又称菊花节、黄花节。王维《奉和圣制重阳节宰臣及群官上寿应制》:"无穷菊花节,长奉柏梁篇。"王涯《九月九日勤政楼下观百僚献寿》:"御气黄花节,临轩紫陌头。"菊花又称黄花,除了具有观赏价值之外,还有一定的药用价值。深秋时节,百花多已凋残,唯有菊花迎霜怒放,正是一年之中赏菊的最佳季节。

魏晋以来,菊花被赋予了一种坚贞不屈的品格,特别受到古代文人雅士的钟爱。曹丕在《九日与钟繇书》中盛赞菊花在深秋时节"纷然独荣",特意将一束菊花赠送钟繇,希望他能借菊之力,健康长寿。钟会在《菊花赋》中称赞菊花有"五美",并说人们在重阳节纷纷"置酒华堂,高会娱情",为赏菊之会。东晋大诗人陶渊明特别喜爱菊花,他曾在《九日闲居并序》中说:

"余闲居,爱重九之名,秋菊盈园。"有一年重阳节,穷困潦倒的诗人赏菊时,却无酒可饮,只得倚坐在东篱下。忽然看见远处有一白衣使者正载酒而来,原来是江州刺史王弘。诗人大喜,马上打开酒坛,在菊花丛中酣饮,并赋诗吟咏。陶公咏菊、白衣送酒,也成为千古流传的佳话。菊花如此美好,因而也成为人们重阳时互相馈赠的礼物。南朝梁王筠《摘园菊赠谢仆射举诗》曰:"灵茅挺三脊,神芝曜九明。菊花偏可憙,碧叶媚金英。重九惟嘉节,抱一应元贞。泛酌宜长久,聊荐野人诚。"亲友之间通过互赠菊花来表达良好祝愿。

饮菊花酒也是一个很古老的习俗。据《西京杂记》卷三《戚夫人侍儿言宫中乐事》记载:"九月九日……饮菊花酒,令人长寿。菊花舒时,并采茎叶,杂黍米酿之,至来年九月九日始熟,就饮焉,故谓之菊花酒。"南朝梁刘孝威《九日酌菊花酒》诗曰:"露花疑始摘,罗衣似适熏。余杯度不取,欲持娇使君。"庾肩吾《侍宴九日诗》也有"献寿重阳节""玉醴吹花菊"句。唐人认为饮菊花酒具有延年益寿之功效,孙思邈《千金翼方》卷十六《中风上·诸酒第一》中就记载有菊花酒的制作方法和药效,他说:"菊花酒,主男女风虚寒冷,腰背痛,食少羸瘦无色,嘘吸少气,去风冷,补不足方。"所以饮菊花酒也是唐代重阳日的一大节俗,岑参《奉陪封大夫九日登高》:"九日黄花酒,登高会昔闻……边头幸无事,醉舞荷吾君。"孟浩然《和贾主簿弁九日登岘山》:"楚万重阳日,群公赏宴来。共乘休沐暇,同醉菊花杯。"描写的都是唐代重九日饮菊花酒的习俗。

头插菊花也是源于消灾辟恶的美好愿望。徐夤《菊花》诗就说:"桓景登高事可寻,黄花开处绿畦深。消灾辟恶君须采,冷露寒霜我自禁。"重阳节还形成了具有节日特色的食品。从汉代开始,人们在重阳节有食"蓬饵"之俗。到南北朝时期,重阳食"饵"的花色品种越来越多。金秋九月,正是丰收季节,人们将自己的劳动果实制作成各种各样的"饵"食,分赠亲友,共享收获的喜悦,于是重阳互赠食品亦衍变成为一种习俗。据《玉烛宝典》记载:"食饵者,其时黍秫并收,以因粘米嘉味,触类尝新,遂成积习。"还有的是以"豆末屑米而蒸之以枣豆之味"的"糗饵",类似于枣糕。《方言》曰:"饵谓之糕,或谓之䬸。"这样重阳食糕的风俗就逐渐形成。"糕"与"高"同音,寓意年年登高,鸿运高照之意。据《唐六典》卷四"尚书礼部膳部郎中"条记载:节日食料,"九月九日麻葛糕"。同书卷十五"光禄寺太官署"

第六章 奇趣无限的童乐民俗娱乐

条也提到:"九月九日加糕。"可见食糕已经成为重阳节的一项重要民俗活动。白居易《九日登西原宴望》诗曰:"移座就菊丛,糕酒前罗列。"薛逢《九日雨中言怀》诗也曰:"糕果盈前益自愁。"都提到重阳宴集食品中有糕。常衮的《重九谢赐糕酒等状》也说:"御膳分旨,膏以粉饵,蒸以糖饧,绿芋金茅,紫蔗筠节。茱萸清酒,尝闻旧俗之传;薏苡调肠,今睹灵珍之味。"其中也提到重阳御赐膳食中有糕。

总之,围绕着登高野游而展开一系列的民俗游艺活动,已经成为唐代重阳节俗的重要特色。由于重阳节始终是以长寿为主题,所以这个节日到现代已经发展成为一个以尊老敬老为主要内容的老年节。

第三节 其他游戏

 秋千

秋千是我国传统的游艺活动,古往今来,从南到北,我国各地区、各民族都盛行这种娱乐游戏。秋千一词,由来很久。相传汉武帝时,为祈祷武帝的千秋之寿,宫女们乘绳悠荡助兴,"千秋"是祝寿之词,于是将二字一颠倒,就将这种游戏称作"秋千"。

在秋千的发展过程中,由于本身形式的变化,演变出了许多名称,如荡秋、磨秋、观音秋、纺车秋、转轮秋、二人秋、担子秋等等。归纳起来,秋千的种类不外乎三种:一是传统的荡秋千,即"植木为架,上系两绳,下拴横板,人立于板上",作钟摆一样的来回摆荡。一种是车轮秋,"磨秋""观音秋""纺车秋"等都属于车轮秋。它是"植大木于地,上安车轮状圆轮,

中国古代娱乐
ZHONG GUO GU DAI YU LE

秋千

在呈辐射状横木上，系绳于下，以架坐板。"游戏时，坐秋千的人用脚蹬地使车轮旋转，然后悬空转动，一种是担子秋，也叫二人秋，"竖长柱，设横木于上，左右各坐一个，以互落互起而飞旋不停"，类似跷跷板的游戏。

据《古今艺术图》一书记载："秋千，北方山戎之戏，以习轻趫者。齐桓公伐山戎，此戏始传入中国。"山戎也叫北戎，春秋时代居住在今河北东部，与齐、郑、燕等国境界相接。据说山戎人大都勇猛强悍，善于攀登。荡秋千便是山戎人平时训练攀跃山崖溪流能力的一种活动。公元前663年，齐桓公为救燕国，发兵进伐山戎，一直打到孤竹（今河北卢龙）才撤兵。很可能，在北伐山戎的过程中，齐桓公看到当地人荡秋千的游戏，觉得很有趣，便把它的玩法带回了中原。其后，历代宫中几乎都设有秋千之戏。在六朝以后，此戏逐渐盛行于全国，成为妇女儿童们最喜好的游戏活动之一。

隋唐时期，秋千之戏不仅为皇宫内宫女们所喜好，而且民间也盛行此戏。杜甫《清明二首》中有"十年蹴鞠将雏远，万里秋千习俗同"，反映了秋千在民间极为普及。刘禹锡《同乐天和微之春深》一诗中，也有"秋千争次第，牵拽彩绳斜"的描写。

由于秋千在游戏时不需要很大的力量和复杂的动作，同时游戏时还略带几分惊险，要通过自身的力量把身体荡在空中，所以深受妇女、儿童的喜爱。王建《秋千词》中写道：

  长长系绳紫复碧，袅袅横枝高百尺。
  少年儿女重秋千，盘中结带分两边。
  身轻裙薄易生力，双手向空如鸟翼。
  下来立定重系衣，复畏斜风高不得。
  旁人送上那足贵，终赌鸣珰斗自起。
  回回若与高树齐，头上宝钗从堕地。
  眼前争胜难为休，足踏平地看始愁。

唐时的寒食节，除了蹴鞠以外，秋千也是一项受人喜爱的节令游艺活动。

第六章 奇趣无限的童乐民俗娱乐

蹴鞠与秋千,经常在诗人笔下相提并论:"蹴鞠屡过飞马上,秋千竞出垂杨里"。唐代宫廷中也有秋千戏。

宋代民间盛行的节令游艺活动也有荡秋千。陆游《感旧未章盖思有以自广》诗曰:"路人梁州似掌平,秋千蹴鞠趁清明。"在《三月二十一日作》中更有"蹴鞠墙东一市烨,秋千楼外两旗斜"的诗句,都是说清明节期间民间有踢球和荡秋千的活动。苏东坡有《蝶恋花·春景》词:"墙里秋千墙外道,墙外行人,墙里佳人笑。"李清照有《点绛唇》名句:"蹴罢秋千,起来慵整纤纤手。露浓花瘦,薄汗轻衣透。"这都是说女子荡秋千活动的情景。宋时程朱理学泛滥,封建礼教森严,"笑不露齿,走不动裙"被看成是贵妇小姐们的美德。妇女受到封建思想的束缚。在这种情况下,妇女能到郊外踏青,且有同伴相陪一块荡秋千,是不容易的。荡秋千不仅只是民间妇女的节令游艺活动,对于禁锢在深宫的宫女,也是一种活跃身心的活动。王珪《宫词》写宫女在清明节也有荡秋千的活动:

禁御春来报踏青,御池波漾碧涟轻。
内人争送秋千急,风隔桃花闻笑声。

清明节蹴鞠、荡秋千的风俗不仅在唐宋时盛行,就是到了明清之时,仍有一些地区盛行这种风俗。居住在山东章丘的李开先,在他所著的《闲居集》中,有一首《当地寒食节岩亭宴客观蹴鞠秋千》的诗说明了当地寒食节有蹴鞠、荡秋千的活动。而在另一首《观秋千作》并序言中更描述了当地百姓重视秋千活动的情景,东接回军,北临大河,庄名大沟崖,清明日,高竖秋千数架,近村的妇女,欢聚其中,感而赋诗:

彩架傍长河,
女郎笑且歌。
身轻如过鸟,
手捷类飞梭。
村落人烟少,
秋千名目多。
从傍观者惧,
任路今如何。

在乱世年荒的清明节,依然竖起秋千架欢聚荡秋千为乐,可见其习俗的重要。

明代流行荡秋千活动，还见于《金瓶梅》小说中，其中有整整一回是写的荡秋千游戏活动，既见作者熟悉荡秋千方法，又表明荡秋千是当时妇女喜爱的活动。在王圻所编纂的记述历代人物、风俗的《三才图会》中，还附录了一幅妇女荡秋千的插图，极为形象生动。

秋千活动亦是明时宫廷中的一项娱乐游戏。刘或愚著《酌中志·明宫史》中说："三月初四日，宫眷内臣换罗衣。清明则秋千节也，坤宁宫及各后宫，皆安秋千一架。"清代宫中在燕九日有秋千表演："山高水长在圆明园之西，俗呼西厂，地势宽敞，直陈大戏。每岁正月十九日，例有筵宴……有西洋秋千架，秋千旋转，下奏歌乐。"所谓西洋秋千架，实即为我国西南少数民族的"磨秋"，以一竖柱，上横十字木，悬挂四条秋千架，旋转荡动。

在我国古代历史上的少数民族中，多有秋千之戏，而且荡秋千的方法不尽相同。可见作为游戏活动的秋千，在我国开展的地区是相当广泛的。

 高跷

高跷又称"脚把""柳木腿"等，是我国民间传统的具有岁时节令特点的娱乐游艺活动。

踩高跷游艺在我国具有悠久的历史，《列子·说符》篇记载说：宋国有个叫兰子的人，用比自己身体长一倍的两根木条绑在足胫上，去朝见君主。可见早在春秋时期即出现了高跷的雏形。陈旸《乐书》中曾记载了汉代的高跷游艺，说明高跷已成为当时百戏游艺中的重要形式。南北朝时，高跷又称之为长跷伎。郭璞在《山海经注》中称踩高跷游艺的伎人为"乔人"。唐代的高跷在《封氏闻见记》中是这样描述的：有人踩着五六尺的高跷在绳上踏舞，使人惊叹不已。到了宋代以后，踩高跷已在较大的区域内流行起来。《东京梦华录》《都城纪胜》《梦梁录》、《武林旧事》中对当时的高跷游艺活动都有记述。宋代称高跷为"踏跷"，每逢节日喜庆时，城

踩高跷表演

第六章 奇趣无限的童乐民俗娱乐

乡艺人们便在"舞队"中踏起高跷,表演各种技巧动作,使观者惊叹不绝。

到了清代,高跷已成为大江南北最常见的观赏游戏。李调元《观高跷灯歌》是这样描写的:

正月十四坊市开,
神泉高跷南村来。
锣鼓一声庙门出,
观者如堵声如雷。
双枝续足履平地,
楚黄州人擅此伎。
般演亦与俳优同,
名虽为灯白日至。

杨一昆在《皇会论》中是这样记述的:"秧歌高跷数不鲜,惟有(天津)溜米厂高跷人人称赞,不论女,不论男,人人争把青蛇(青蛇是当时高跷表演的节目)看。"由于高跷要求表演者在腿上绑着数尺高的木跷来往逗舞,其技艺性很强,因而,要求表演者具备较好的素质。古代的高跷一般分为文、武两种,文高跷着重于踩、扭和人物情节的表演;武高跷除了一般的动作表演外,主要是特技展示,如一个人肩上驮着几个人,单腿跳走几十步,在跷上向后折腰,两腿劈叉坐地后又一跃而起,跳过三四条高搭起来的长凳,或从很陡的斜木板登上一人多高的独木桥等等。有的地区高跷与秧歌舞相结合而成为颇负盛名的高跷秧歌舞,由此可见高跷游艺在民间流行之广以及深受民众欢迎的程度。

古代的高跷游艺在表演形式上是多样的,有在广场上边舞边走各种队形的小场;有两三人(扮装的有渔翁、渔婆、俊锣等)为一组表演的小场;还有各种特技表演和歌舞小戏。高跷传统的表演节目有《踏跷竹马》《踏跷捕蝶》《踏跷舞八仙》《踏跷摸鱼》等。许多高跷游艺表演节目在宋代已经出现,可见其传承性是很强的。

古代的高跷游戏多与旱船、跑驴、舞龙、秧歌等表演活动合在一起组成"社火"(宋代称之为"舞队"),在春节或其他节日里走街表演。"庄稼人要得乐,唱戏要社火",在受人们欢迎的社火里,高跷以其特有的舞姿技巧备受青睐。当代,传统的高跷活动仍备受城乡人们的欢迎,其表演技巧也不断提高,充分显示出旺盛的生命力。

跑旱船

跑旱船也叫"旱船""旱划船""采莲船""荡湖船"等,是汉族民间传统的娱乐活动。

据文献所载,早在唐代民间就出现了表演旱船的游艺娱乐活动。郑处《明皇杂录》卷下记载说:唐玄宗李隆基在东都洛阳五凤楼下大诏天下,命三百里以内的县令、刺史亲率当地的乐舞表演队来东都献演,并根据各地献演的质量与花样评出优劣进行赏罚。于是乎,各州县精心组织,力求夺魁。"府县教坊大陈山车、旱船、寻橦、走索、丸剑、角抵、戏马、斗鸡……"从这里我们知道,跑旱船已作为献演的主要节目出现了。到了宋代,跑旱船游戏更加盛行。周密在《武林旧事》中说:当时人们称之为"旱划船",是正月元宵节期间社火舞队中的一项,常常与踏高跷、跑竹马、村田乐(秧歌的前身)等结队沿街演出,其规模"簇拥前后,连亘十余里"。届时,临安(今杭州)的民众纷纷拥上街头,围观者笑乐不止。旱船是用木条或竹蔑扎成船形,然后用彩布罩在船形上,船下再用布围起来,多以男子装扮成女子"坐"在船上(做一对假腿,连在跑旱船者的身上,假腿呈盘腿而坐状摆放在船面上,似女子坐船的样子),边走边扭动起舞。旱船边有一扮撑船的丑角来往旋转,不住地逗趣儿。

明清以后,跑旱船游戏仍在全国许多地区流行不衰,成为年节喜庆或农闲时的一项不可缺少的游艺娱乐活动。在江南水乡,人们将湖中划船采莲的动作加以夸张美化,形成了富有地方特色的"采莲船",边舞边歌,表现劳动或爱情生活。据《嘉兴府志》、《严州府志》等地方志所载,每逢庙会及年节,采莲船便跑起来,民间艺人唱着俚曲,边舞边逗乐,使观者不住叫好。

跑旱船

第六章 奇趣无限的童乐民俗娱乐

知识链接

《燕京岁时记》与"旱船"

富察敦崇《燕京岁时记》中描述:"跑旱船者,乃村童扮成女子,手驾布船,口唱俚歌,意在学游湖而采莲者。"各地民间跑旱船游艺时,多与当地的民间小调结合一起,边舞边即兴做出一些令人发笑的动作,以增强娱乐效果,例如陕西南部一带跑旱船(当地称之为"采莲船")时,船左右配以手持棒锤的"胖婆娘"和手持拂尘的"骚和尚"以及不断摇着拨浪鼓的"货郎子"等角色,他们互相插科打诨,调情卖俏,惹得观众大笑不止。各角色在跑旱船游艺时,还不时在锣鼓的伴奏下,即兴唱当地人喜爱听的"花鼓子",具有很强的地方特色。从民谚"南京到北京,旱船、跑驴、舞龙灯"中可知,跑旱船流行地域之广以及深受人们喜爱的程度。

图片授权

全景网

壹图网

中华图片库

林静文化摄影部

敬 启

本书图片的编选,参阅了一些网站和公共图库。由于联系上的困难,我们与部分入选图片的作者未能取得联系,谨致深深的歉意。敬请图片原作者见到本书后,及时与我们联系,以便我们按国家有关规定支付稿酬并赠送样书。

联系邮箱: 932389463@qq.com

参考书目

1. 苏山．中国趣味娱乐文化．北京：北京工业大学出版社．2012
2. 瞿明安．中国饮食娱乐史．上海：上海古籍出版社．2011
3. 王连海．北京民间玩具．北京：北京工艺美术出版社．2011
4. 倪宝诚，倪珉子．布玩具．上海：上海远东出版社．2010
5. 王永平．游戏、竞技与娱乐——中古社会生活透视．北京：中华书局．2010
6. 王定璋．中国民俗文化系列：中国民间娱乐习俗．成都：四川人民出版社．2009
7. 郭泮溪．长乐未央——娱乐．济南：山东教育出版社．2009
8. 王连海，王伟．民间玩具．北京：中国文联出版公司．2009
9. 谢伦灿．文化娱乐产业的评价与发展．北京：中国经济出版社．2009
10. 朱宁虹．节日娱乐．北京：中国财富出版社．2005
11. 李友友．民间玩具——中国民间工艺风采丛书．北京：中国轻工业出版社，2005

中国传统风俗文化丛书

一、古代人物系列（9本）
1. 中国古代乞丐
2. 中国古代道士
3. 中国古代名帝
4. 中国古代名将
5. 中国古代名相
6. 中国古代文人
7. 中国古代高僧
8. 中国古代太监
9. 中国古代侠士

二、古代民俗系列（8本）
1. 中国古代民俗
2. 中国古代玩具
3. 中国古代服饰
4. 中国古代丧葬
5. 中国古代节日
6. 中国古代面具
7. 中国古代祭祀
8. 中国古代剪纸

三、古代收藏系列（16本）
1. 中国古代金银器
2. 中国古代漆器
3. 中国古代藏书
4. 中国古代石雕
5. 中国古代雕刻
6. 中国古代书法
7. 中国古代木雕
8. 中国古代玉器
9. 中国古代青铜器
10. 中国古代瓷器
11. 中国古代钱币
12. 中国古代酒具
13. 中国古代家具
14. 中国古代陶器
15. 中国古代年画
16. 中国古代砖雕

四、古代建筑系列（12本）
1. 中国古代建筑
2. 中国古代城墙
3. 中国古代陵墓
4. 中国古代砖瓦
5. 中国古代桥梁
6. 中国古塔
7. 中国古镇
8. 中国古代楼阁
9. 中国古都
10. 中国古代长城
11. 中国古代宫殿
12. 中国古代寺庙

五、古代科学技术系列（14 本）

1. 中国古代科技
2. 中国古代农业
3. 中国古代水利
4. 中国古代医学
5. 中国古代版画
6. 中国古代养殖
7. 中国古代船舶
8. 中国古代兵器
9. 中国古代纺织与印染
10. 中国古代农具
11. 中国古代园艺
12. 中国古代天文历法
13. 中国古代印刷
14. 中国古代地理

六、古代政治经济制度系列（13 本）

1. 中国古代经济
2. 中国古代科举
3. 中国古代邮驿
4. 中国古代赋税
5. 中国古代关隘
6. 中国古代交通
7. 中国古代商号
8. 中国古代官制
9. 中国古代航海
10. 中国古代贸易
11. 中国古代军队
12. 中国古代法律
13. 中国古代战争

七、古代文化系列（17 本）

1. 中国古代婚姻
2. 中国古代武术
3. 中国古代城市
4. 中国古代教育
5. 中国古代家训
6. 中国古代书院
7. 中国古代典籍
8. 中国古代石窟
9. 中国古代战场
10. 中国古代礼仪
11. 中国古村落
12. 中国古代体育
13. 中国古代姓氏
14. 中国古代文房四宝
15. 中国古代饮食
16. 中国古代娱乐
17. 中国古代兵书

八、古代艺术系列（11 本）

1. 中国古代艺术
2. 中国古代戏曲
3. 中国古代绘画
4. 中国古代音乐
5. 中国古代文学
6. 中国古代乐器
7. 中国古代刺绣
8. 中国古代碑刻
9. 中国古代舞蹈
10. 中国古代篆刻
11. 中国古代杂技